DAS 8X8 DES LEBENS

KOSCHI

DER MUTMACHER

MACH ES EINFACH,
UND DANN
MACH ES EINFACH!

TILMAN RIEMENSCHNEIDER VERLAG

Band 4002

Das Buch

Jeder von uns kennt das **1X1** – es ist die einfachste Formel um rechnen zu können. Einmal gelernt, können wir sie unser ganzes Leben anwenden. Die Einfachheit dieser Formel hilft uns Tag für Tag die kleinen und großen mathematischen PRO-BLEME zu meistern.

DAS 8X8 DES LEBENS ist genau so ***einfach*** und gibt bildhafte Anregungen und Lösungsansätze für ein Leben in Liebe, Harmonie, Glück, Erfolg und Erfüllung! Dieses Buch beleuchtet die kleinen und großen PRO-BLEME, die uns auf unserem Lebensweg begleiten und verheimlicht nicht, dass unser Leben auch durch Zeiträuber wie Sorgen, Ärger, Hass, Wut, Zorn und Eifersucht geprägt ist.

Es spricht aber vor allem auch von der Begeisterung und Lebensfreude, die unserem Leben erst einen echten Sinn verleiht! Es analysiert nicht nur sondern öffnet den Weg in eine ***selbstbewusste*** Zukunft mit Übungen, Checklisten und jeder Menge nützlichen, positiven Suggestionen für ein Leben in Fülle, beruflichem und persönlichem Erfolg.

Der Autor

KOSCHI DER MUTMACHER alias Frank Koschnitzke, *19.06.1962, gehört seit vielen Jahren zu den ***Positivdenkern*** – und das mit einer unglaublichen Beharrlichkeit. Sein Lebensmotto ist: ***Leben macht Spaß – Heute ist mein bester Tag***. Er ist lizenzierter Trainer des LET-Verlages, Life-Coach, Management-Berater und ***Lebenskünstler***! Fast alle Tiefen und Höhen des ***ganz normalen Lebens*** hat er bereits durchlebt. In seinen Vorträgen, Workshops und Seminaren vermittelt er mit Begeisterung die vielen Erfahrungen seines facettenreichen Lebens, angereichert durch Weisheiten von Persönlichkeiten aus aller Welt und ***Geschichten, die das Leben schreibt***...

KOSCHI
DER MUTMACHER

DAS 8X8 DES LEBENS

MACH ES EINFACH,
UND DANN
MACH ES EINFACH!

TILMAN RIEMENSCHNEIDER VERLAG

Gedruckt auf umweltfreundlichem,
chlorfrei gebleichtem Papier

1. Auflage August 2004
2. erweiterte Auflage Dezember 2007
3. erweiterte Auflage Januar 2010

Originalausgabe

Printed in Germany – Mecke Druck Duderstadt

Illustrationen: Matthias Elger

Gedichte: Thea Pluquett

Gesamtherstellung: k+k promotion

Vertrieb: Zu beziehen über Buchhandlungen,
im Internet www.koschi.de und direkt beim
TILMAN RIEMENSCHNEIDER VERLAG
in Osterode am Harz

ISBN 3-9801263-5-8

INHALT

Tue Gutes und rede darüber...

Der Kauf dieses Motivationsbuches unterstützt mit 1,00 € den Verein

Kinderlachen e.V.

Wer sind wir? Was tun wir?

Im Internet: www.kinderlachen.de

Am 24.12.2000 verwirklichten wir, Christian Vosseler und Marc Peine, zum ersten Mal die Idee, Kindern in schwierigen Lebenssituationen zu helfen.
Am 1. Juli 2002 wurde aus der Idee der gemeinnützige Verein Kinderlachen e.V. in Dortmund. Seitdem ist Kinderlachen e.V. bundesweit und vor Ort im Einsatz. Michael Rummenigge und Matze „Richie" Knop übernahmen die Schirmherrschaft; Tom Lehel, Charlotte Engelhardt, Marina Kielmann und Neven Subotic sind die Botschafter.
Wir unterstützen Kinderkliniken, Kinderhospize, Kindertagesstätten, Einzelschicksale (z.B. durch Finanzierung von Operationen) und Kindergärten, die keine oder kaum öffentliche Unterstützung erhalten. Zudem erfüllen wir Kindern Träume und Wünsche. Oft auch solche, die man nicht kaufen kann. Ermöglicht wird dies durch die Durchführung von Veranstaltungen mit prominenten Persönlichkeiten aus Unterhaltung, Wirtschaft und Sport und durch Fördermitgliedschaften.
Als Fördermitglied (Beitrag frei wählbar) können Sie Kindern, schwerpunktmäßig in Deutschland, direkt helfen. Auf Wunsch haben Sie die Möglichkeit, uns bei Hilfsaktionen zu begleiten und können Ihre Spende in Form von Spielzeug, medizinischen Geräten oder anderen Sachleistungen selbst übergeben.

Spenden:
Kontoinhaber. Kinderlachen e.V.
Kreditinstitut. Sparkasse Dortmund
Bankleitzahl. 440 501 99
Kontonummer. 391 019 444

Für Anfragen und Hinweise aller Art:
Marc Peine: +49 (0) 179 77 222 87
eMail: marc.peine@kinderlachen.de
internet: www.kinderlachen.de

Ein Kinderlachen zu zaubern ist das größte Geschenk, was wir uns machen können.

DANKE

Vielen Dank an alle die lieben Menschen, die mich bisher in meinem Leben begleitet haben und dadurch am Entstehen dieses Buches mitgewirkt haben:

Danke – an ***meine Eltern Bärbel & Willi Koschnitzke***, denn die hatten schon vor über 47 Jahren die spannende Idee: „***Wir machen uns jetzt mal ´nen kleinen Koschi***!" Hätten sie diese Idee nicht gehabt, dann wäre ich heute schließlich gar nicht auf dieser schönen Welt!

Danke – an meine Tochter ***Lisa, denn du bist der Sonnenschein in meinem Leben*** und das Brainstorming, das wir hatten, brachte diesen wundervollen Buchtitel hervor. Ich wünsche dir, dass alle deine Wünsche in Erfüllung gehen; ich bin immer für dich da, vor allem dann, wenn du mich brauchst!

Danke – an meine Großeltern, die mir ganz, ganz viel Liebe gegeben haben und, „***weil Omas und Opas das nun mal so machen***...", mir immer das erlaubt haben, was bei meinen Eltern nicht erlaubt war!

Danke – an meinen „***kleinen Bruder – Jürgen (oder auch Minikoschi)***", hätte ich mich damals mit ihm nicht so schön „***kloppen***" und „***vertragen***" können, meine Kindheit wäre nur halb so spannend und amüsant verlaufen!

Danke – an meine „***kleine Schwester Ute***" für die vielen eMails, die immer mit „***Hallo großer Bruder***..." beginnen und im Anhang eine Nachricht für „*Mutti*" haben, die „*großer Bruder*" dann ausdruckt, damit „*Mutti*" weiß, wo sich Flugbegleiterin „*kleine Schwester*" gerade auf unserem schönen Globus befindet!

Danke – an meine ***Lehrer und Lehrerinnen*** in meiner Schulzeit, die, trotz aller Versuche mit ihrem: „*...das macht man nicht, wie siehst du heute wieder aus, setz dich gefälligst gerade hin, was sollen die Leute dazu sagen, etc.*" einen aus ihrer Sicht „***anständigen Menschen***" aus mir zu machen „*kläglich*" gescheitert sind und doch nie aufgegeben haben!

Danke – an meine erste „***Freundin***", durch sie habe ich erfahren, dass „***Küssen***" und „***Küssen***" zwei ganz verschiedene Dinge sein können, diese Erfahrung war mir bis dahin absolut neu, aber echt spannend!

Da fällt mir ein: Danke – an meine Biolehrer und meine Mutter, die mich sehr gewissenhaft darauf vorbereitet haben, was bei diesem „***Küssen***" so alles passieren kann: „*Ihr wisst schon,* **die Geschichte mit den Bienchen und den Blumen**..."

Danke – an meine ***Schutzengel***. Sie haben bei meinem ersten und einzigen „***großen Autounfall***“ im zarten Alter von 18 Jahren, über mich und meine damalige Freundin gewacht. Wir haben es ihnen wirklich nicht leicht gemacht und doch überstanden wir den Unfall völlig unbeschadet und kletterten aus dem total demolierten Auto hinaus.

Danke – an ***Andrea Wirth***, meine erste „***echte Lebenspartnerin***“, die mir im Laufe unserer 13-jährigen Beziehung das absolut Größte geschenkt hat, was ihr nur irgend möglich war: „***Am 9.1.1989 um 14:21 Uhr mit 3600 g Lebendgewicht und stattlichen 51 cm, unsere Tochter LISA*** (... der helle Wahnsinn)!“

Danke – an ***Vater Staat***, der stets um das Wohl seiner Bürger besorgt ist. Dies hat mir die einmalige Chance eröffnet neun Jahre meines Lebens der Allgemeinheit zu dienen. Zuletzt als Polizeimeister im Bundesgrenzschutz als Lebzeitbeamter mit 27 Jahren, verheiratet, 1 Kind, 3.100 DM netto; ***aber sollte es das jetzt schon gewesen sein bis zu meiner Pension?!***

Danke – an ***Ulli Jung***, meinen „***alten Freund***“, Vorgesetzten und Lebensbegleiter beim BGS. Er hat seinerzeit dafür gesorgt dass ich diesem „***ich bin sicher bis zur Pension“-Beruf*** ein Ende bereitet und mit meiner Werbeagentur den Schritt in die Selbstständigkeit ***gewagt*** habe. Wie sich später herausstellen sollte, ein wichtiger Meilenstein auf meinem Weg zum jetzigen Erfolg.

Danke – noch mal an meinen „***Vati***“, seines Zeichens ein echter Bundesbahnbeamter mit Leib und Seele (*in 40 Jahren Dienstzeit 3 Wochen krank*), dass er mich seinerzeit, trotz folgender Tatsache, nicht verstoßen hat: „Sein Sohn, 27 Jahre, Lebzeitbeamter, abgesichert bis zur Pension, ***da kündigt „man“ doch nicht***!“ ***Danke***, ich bin froh, genau das getan zu haben, was „*man*“ nicht macht!

Danke – an meine ***vielen zufriedenen Kunden*** in der Folgezeit, sie haben mir stets das gute Gefühl gegeben den richtigen Schritt getan zu haben und die ***richtige Person am richtigen Ort*** zu sein. Nur so war es mir möglich, mein *Hobby zum Beruf zu machen*!

Danke – an die ***wenigen nicht zufriedenen Kunden*** in der Folgezeit, die aber nicht einfach weg blieben, sondern reklamiert haben; so bekam ich stets die ***Chance mich zu verbessern*** und weiter zu entwickeln!

Danke – an alle ***meine Lieferanten***, die mich auch dann noch belieferten, wenn mich und meine Firmenkasse die Konjunktur oder vielleicht auch manchmal damals mein Denken im Stich gelassen haben!

Danke – an meine ehemalige Nachbarin ***Ingeborg Kehr*** für den tollen Nusskuchen ohne Mehl, aber vor allem ***für ihre positive Lebensenergie***, die mich immer wieder fasziniert. Ich werde nie vergessen, wie sie meine Hündin „*Sugar*“ durch Handauflegen von großen Schmerzen befreite!

Danke – an meine *„alte Freundin"* ***Elke Roch***, denn Sie hat ganz entscheidend dazu beigetragen, dass ich 1995 den Mann kennen lernen durfte, der mich in meiner ***positiven Lebenseinstellung*** bestärkt und motiviert hat!

Danke – an diesen Mann ***Arthur Lassen***! Lieber Arthur, ich denke oft an dich und danke dir für all´ die guten und wichtigen Impulse und Momente, die du mir mit deinen Seminaren und deiner Philosophie ***„Heute ist mein bester Tag"*** gegeben hast; du hast wesentlich zu meinem persönlichen und beruflichen Erfolg beigetragen und wirst dies auch in Zukunft immer tun!

Danke – an ***Christine Lassen***, die dieses ***„brennende Verlangen"*** in mir aufspürte, Seminare zu geben und die es mir und vielen anderen Trainern möglich macht, durch die Auszeichnung *„Lizenzierter Seminarleiter des LET-Verlages"*, das Gedankengut nach Arthurs Tod in Form von Seminaren mit dem Thema *„Heute ist mein bester Tag"* weiter in die Welt hinauszutragen!

Danke – an ***Angela Miksch***, die wohl beste Friseurmeisterin, Farb- und Imageberaterin, Chefin, Mutter und stolze „DoppelOma" der Welt, die mich fast 14 Jahre meines Lebens begleitet hat. Vor allem – ***Danke,*** für die Idee mit mir das Seminar ***„Frisör macht Spaß"*** zu gestalten; ihre fachlichen und persönlichen Anregungen haben es so richtig erfolgreich gemacht!

Danke – an ***Anakin*** *Shane*, siebenjähriger Enkel von *„Oma Gela"*, für sein fröhliches, unbekümmertes Wesen. Er hat mir durch sein herzhaftes Lachen viele Inspirationen gegeben und den Mut durchzuhalten verstärkt durch sein: ***„Joh, wir schaffen das...!"*** und seinen „kleinen Bruder" ***Jack*** *Raven*, oder auch 2. Enkel von *„Oma Gela" für* seine fröhliche, aufgeweckte Art. Er macht wirklich jeden Tag zum **„Lächeltag"**!

Danke – an ***Volker Fröhlich*** für seine Freundschaft und seinen Hang zur Nummerologie, er hat wesentlich zum Entstehen des Titels beigetragen. Lieber Volker, ich freue mich auf ***unsere gemeinsame Vision***, du weißt schon!

Danke – an ***Martina Müller*** für die ***vielen Ideen*** zu diesem Buch, vor allem die geniale Überschrift für das 5. Kapitel!

Danke – an ***Hildegard Matheika***, eine Kapazität auf dem Gebiet der ***Esoterik***, für ihre fachlich fundierten Hintergrundinformationen! Sie gehört zu den Menschen, dies „einfach machen..." und das finde ich absolut genial...!!!

Danke – an ***Thea Pluquett*** für die ***tollen Gedichte***, die ich in meinem Buch veröffentlichen durfte und die mir immer wieder viel Inspiration gegeben haben.

Danke – an ***Matthias Elger***, ein begnadeter Karrikaturist und Autor. Danke für die wundervollen ***Illustrationen***, die mein Buch bereichern. Dadurch ist es noch ein Stück weit lebendiger geworden!

Danke – an ***Andrea Becherer***, aus meiner Sicht die wohl absolut beste mobile Podologin der Welt, die mich nun schon seit mehr als ***8 Wochen*** begleitet und mir immer wieder zeigt, was es heißt, das Leben wirklich zu genießen!

Danke – an ***Frank Bode***, in meinen Augen der beste Liedermacher aller Zeiten, für unsere Begegnung im Juli des Jahres 2004. Diese brachte nämlich den ***Titelsong „Lust auf Leben"*** zu meinem Buch hervor.

Danke – an ***Andreas Krohn*** für seine Freundschaft und die Idee mein ***Buch*** im Tilman Riemenschneider Verlag ***zu verlegen*** (hoffentlich findet er es auch immer wieder, grins ;-)

Danke – an ***Hedi Becker-Weinand***, die durch ihre profunden Deutschkenntnisse dafür gesorgt hat, dass mein ***Buch*** fehlerfrei gedruckt werden konnte. *freu*

Danke – an die Fa. ***Mecke Druck*** für die schnelle ***Umsetzung des Buchdrucks*** und die pünktliche Lieferung zur Buchpräsentation!

Last, but not least: **Danke** – an ***dich*** und die vielen, vielen anderen Menschen, die ich bisher in meinem Leben kennengelernt habe und noch kennenlernen werde. ***Ihr alle*** habt mir durch ***eure Existenz*** den Stoff für die Verwirklichung meines Traumes geliefert, ihr habt es mit Leben erfüllt, mein erstes eigenes Buch:

DAS 8X8 DES LEBENS

EINLEITUNG

Hallo, ich beglückwünsche dich zu dem Entschluss dieses Buch zu lesen. Es will von nun an dein ganz persönlicher Lebensbegleiter sein und dir – wenn du magst – täglich als Motivation dienen. Es handelt vom positiven Denken, Planen und Handeln. Es bietet dir Anregungen und viele Denkansätze, um zukünftig noch lebensfroher, gelassener, gesünder und erfolgreicher zu leben.

Ich habe die Gedanken mit Leben gefüllt, mit meinem eigenen Leben, in meiner eigenen Verantwortung und das wünsche ich auch dir in dem Bewusstsein, dass du auf dem richtigen Weg bist; ***deinem eigenen Weg***. Mag sein, dass dein bisheriges Leben nicht immer so erfolgreich verlaufen ist, wie du es dir gewünscht hast?! Mir ging es ***damals*** jedenfalls so. Ich war stets auf der Suche nach der ***einzig optimalen Lösung***, musste jedoch leider immer wieder feststellen, dass es diese gar nicht gibt. Allerdings fand ich bei meiner Suche etwas Wichtiges heraus:

Das, was mich ***wirklich weiterbringt*** im Leben, ist das ***positive Denken***. Ich wählte diesen Weg und bin mir

01 JAN	Heute ist der erste Tag vom Rest meines Lebens, ein prima Tag für gute Vorsätze, heute setze ich sie in die Tat um!	02 JAN	Natürlich nehme ich heute alles so, wie es kommt. Doch ich sorge ab sofort dafür, dass es so kommt, wie ich es haben möchte!

heute absolut sicher: „***Mit dem, was du denkst, steuerst du dein Leben!***“

Damals traf ich auf ein Symbol, das meine Situation sehr treffend beschrieb. Dieses habe ich jetzt zum Leitmotiv meines Buches gemacht.

Dieses Symbol ist das Oktogramm,

der achtstrahlige Stern:

Ich war und bin einfach fasziniert von den Möglichkeiten, die dieses geniale Element uns bietet! Er steht für die innere Ausrichtung und bringt uns auf den Weg – ***jeden auf seinen eigenen Weg***!

Hast du in deinem Leben schon mal Fehler gemacht? Ich schon - und jeder einzelne hat mich weitergebracht! Entscheidend ist nur, dass du dich von diesen „***Fehlern***“ nicht ausbremsen lässt sondern einfach mutig deinen Weg weitergehst! Ach ja, wo wir gerade bei ***Fehlern*** sind,

03 JAN	Der wahre Unterschied zwischen einem Erfolgreichen und einem Erfolglosen besteht einzig in der Geisteshaltung. Heute denke ich positiv!	04 JAN	Ich gebe meinen Freunden heute das Gefühl, sie seien etwas Besonderes! Ich lobe sie häufiger, spontaner, ganz ehrlich und herzlich.

solltest du irgendwann beim Lesen dieses Buches mal auf einen ***Druckfehler*** stoßen, dann würde ich mich riesig freuen, wenn du mir dies einfach mitteilen würdest, z.B. per Mail: korrekt@8x8-leben.de - denn nur so kann ich ihn in der nächsten Auflage korrigieren oder du siehst es einfach so, wie einst ein berühmter Dichter es tat:

Ich denke immer, wenn ich einen Druckfehler sehe, es sei etwas Neues erfunden.

Johann Wolfgang von Goethe, größter dt. Dichter, Biologe, Jurist, Geologe, Geheimrat, Minister etc., 28.8.1749-22.3.1832

Wir müssen das Rad nicht ständig neu erfinden, einmal ist wahrlich genug, das haben Persönlichkeiten auf der ganzen Welt für uns getan.

Der Volksmund bezeichnet diese Aussagen einfach nur als ***schlaue Sprüche***, ich nenne sie mit Freude ***Weisheiten***! Diese wollen dich in diesem Buch begleiten und tragen oft sehr viel Wahrheit in sich, alleine deswegen

05 JAN	Ich mache mir meine vielen positiven Seiten klar und akzeptiere natürlich auch meine Fehler. Warum sollte ich unbedingt perfekt sein?	06 JAN	Ich verwandle meine Niederlagen stets in Siege und umgebe mich mit positiv denkenden Menschen. Dadurch gewinne ich neue Freunde!

sind sie teilweise seit tausenden von Jahren überliefert worden und stehen uns Menschen jeden Tag zur Verfügung um von ihnen zu profitieren. Manche Weisheiten stammen aus heutiger Zeit, z.B. die einfachste Philosophie überhaupt:

Meine Lebensphilosophie ist: einatmen – ausatmen!

Doris Dörrie, dt. Regisseurin, Autorin, Produzentin, *1955

07 JAN	Ich stelle mich tapfer Schwierigkeiten und PRO-BLEMEN entgegen und denke stets daran, dass sie überwunden werden können!	08 JAN	Meine Entschlossenheit ist der wichtigste Bestandteil meines Planes, der mich heute meinem großen Erfolg näherbringt.

Wohl dem, der mit so geringem Aufwand sein Leben genießen kann! Leider geht das nicht allen so, denn ganz viele beschäftigen sich täglich bewusst oder unbewusst mit folgender Thematik:

Die Menschen verbringen 40% ihrer Zeit mit ***Grübeln über Vergangenes*** und 50% ihrer Zeit mit ***sich Sorgen machen über morgen!*** Das sind nachweislich 90% und dann haben sie nur noch 10% Zeit um zu leben, wenn das Leben wirklich stattfindet; nämlich im Hier und Jetzt und Heute.

Dieses Buch will dir aufzeigen, wie es dir gelingt im Heute zu leben. Es will dich motivieren um deine Sorgen, den täglichen Stress und die Angst vor der Zukunft zu besiegen. So gelingt es dir leicht, dein Leben fröhlicher, gelassener und noch viel erfolgreicher zu gestalten.

Mache dich nicht abhängig von Kriegen, Krankheiten, Katastrophen, Schwierigkeiten, Sorgen und Nöten. Diese stehen schon morgens in der Zeitung und kommen

09 JAN	Ich mache mich jeden Tag mehr gegen den Bazillus Ärger immun. Ich lächle und lade mich stets mit klaren Zukunftsbildern auf.	10 JAN	Ich hüte mich heute davor, allen zu zeigen, dass ich alles besser weiß! Jeder hat seine Welt. Ich denke groß und werde es!

tagsüber dann mindestens einmal jede Stunde im Radio. Als ob es damit noch nicht genug wäre, flimmern sie oft in einer wirklich erschreckenden Ausführlichkeit dann am Abend noch einmal auf fast allen Fernsehsendern über die Mattscheibe.

Wir Menschen leben heute in dieser Welt negativer Wahrnehmungen! Stelle dich allen diesen negativen Eindrücken ab sofort entschlossen und mutig in den Weg.

Du solltest alle Tage wenigstens ein kleines Lied hören, ein gutes Gedicht lesen, ein treffliches Gemälde sehen und, wenn es möglich zu machen wäre, einige vernünftige Worte sprechen!

nach Johann Wolfgang von Goethe, größter dt. Dichter, Biologe, Jurist, Geologe, Geheimrat, Minister etc., 28.8.1749-22.3.1832

Nur so gelingt es dir, deinen Blick auf all die schönen

11 JAN	Ich sorge mich nur, weil ich mich ständig darin übe. Heute denke ich einmal nur positiv über meine Zukunft! Das bringt Spaß.	12 JAN	Ich achte auf meine Gefühle und lasse mich nicht mehr zur willenlosen Marionette machen. Nur ich bestimme, wie es mir heute geht.

Dinge zu lenken, die dir ebenfalls jeden Tag in vielen Situationen begegnen. Du kannst dich leicht von den negativen Dingen abwenden, wenn du erkennst, dass Liebe, Begeisterung und Freude dein Leben zu einem wahren Erfolgsfeuerwerk werden lassen.

Entschließe dich nun, diesen „einfachen" Gedanken zu folgen und du wirst sehen, wie wunderbar unsere Welt doch trotz ihrer vielen Ungereimtheiten ist. Grundsätzlich gilt eine Regel, die du jeden Tag für dich in Anspruch nehmen darfst:

Neue Gedanken sind neues Leben.

Prentice Mulford, amerik. Journalist, 1834–1891

Sei ab sofort bereit für positives Planen, Denken und Handeln, dann wirst du feststellen, dass dein Leben angenehmer verläuft und alles, was du dir schon immer gewünscht hast, durch deine Lebenseinstellung nun Wahrheit wird. Nutze deine inneren Reserven durch die

13 JAN	Ich allein bin für mein Leben verantwortlich. Ich erlaube anderen zu keiner Zeit, Entscheidungen für mich zu treffen! Ich handle.	14 JAN	Mit meiner heiteren Gelassenheit finde ich schneller zur Lösung der PRO-BLEME, die mich belasten. Heute bin ich noch gelassener.

Fähigkeit positiv zu denken, logisch zu überlegen, stets alle Vorteile zu finden, das Wertvolle in deinem Leben zu speichern und dann entschlossen zu handeln.

Sicher gelangst du dann auch zu der Einsicht, dass dein Leben dir viele wunderbare Möglichkeiten zu deiner freien Entfaltung bietet: Du musst nur noch zugreifen. Das positive Denken ist ganz einfach moderne Lebensführung und praktische Lebenshilfe für das Berufs- und Privatleben.

Erkenne diese geniale Möglichkeit, die das positive Denken und Handeln jedem von uns bietet. Durch die Kraft deiner Gedanken und die unerschöpfliche Macht deines Unterbewusstseins kannst du alles erreichen, was du dir bildhaft vorstellen kannst.

Du kannst dein weiteres Leben - ***beruflich wie privat*** - nachhaltig verändern, verbessern und bereichern. Worauf warten? Starte jetzt, denn dein Leben ist das Produkt deiner Gedanken, je stärker und angenehmer sie sind,

15 JAN	Für alle meine Vorhaben gibt es keinen günstigeren Zeitpunkt als den heutigen Tag. Also los, ich tue es gleich. Morgen ist nie.	16 JAN	Wo immer ich heute hingehe, ich werde Glück und Zufriedenheit ausstrahlen! Mein Äußeres ist der Spiegel meines Inneren.

desto angenehmer verläuft auch dein Leben.

Was du daraus machst, liegt ganz alleine in deiner Verantwortung. Ja, du bist wirklich einzigartig und hast die Möglichkeit dein Leben in vollen Zügen zu genießen. Dieses Recht kann dir niemand nehmen. So wage heute den Sprung in deine ganz persönliche Verantwortung, denn du gehörst zu den Gewinnern. Sei versichert; ***das Leben findet täglich statt.*** Lebe dieses Leben Tag für Tag, Minute für Minute, ja sogar Sekunde für Sekunde!

Du hast am Tag 86.400 Chancen dein Leben zu verändern, wenn du es wirklich willst, nutze sie. „Carpe diem" hat Horaz Horatius mal gesagt: „Greife den Tag, pflücke den Tag, nutze den Tag und lebe jeden so, als wenn es der einzige wär´ in deinem Leben.

Genieße ab sofort jeden Augenblick deines wundervollen Lebens", denn das Leben darf dir Spaß machen!

17	JAN	Ich mache mir immer wieder klar, dass große PRO-BLEME oft eine positive Entwicklung auslösen. Ich heiße meine PRO-BLEME willkommen.

Mach es einfach
Und dann
Mach es einfach!

Koschi der Mutmacher, *19.06.1962

Ich wünsche dir, dass jeder Tag dein bester Tag wird!

Herzlichst

Der Mutmacher

KAPITEL 1
DER ANFANG

Jedem Anfang wohnt ein Zauber inne.

Hermann Hesse, dt. Schriftsteller, 1877–1962

Das stimmt, doch was war der Anfang? Seit es die Menschheit gibt, beschäftigt uns diese Frage! Was war zuerst da? Das Ei oder das Huhn? Und so gibt es viele Fragen, die noch nicht beantwortet, und so viele Antworten, die noch nicht gefunden worden sind. Egal, ob und wie alle diese Fragen auch beantwortet werden, für dich ist es wichtig zu wissen, dass du als Gewinner geboren worden bist! Ja, du und wir alle haben in unserem Leben schon einmal gewonnen.

18 JAN	Ich denke heute einmal darüber nach, was ich habe - und nicht darüber, was mir noch fehlt! Denn ich bin zur Freude geboren.	19 JAN	Ich rede heute nicht über Krankheiten, denn das schadet mir. Dafür denke ich einmal mehr daran, wie gut es mir ja geht, ich bin gesund und vital!

Denn am Anfang, da war die Entscheidung unserer Eltern sich zu lieben und ab diesem Moment warst du mit 500 Millionen Mitstreitern auf dem Weg zu einem ganz bestimmten Ziel und egal, wie du dass auch empfindest, du bist als Sieger an diesem Ort angekommen. Dazu Herzlichen Glückwunsch! Und dann kam der Augenblick deiner Geburt. Kannst du dich noch daran erinnern?

20 JAN	Baut sich heute ein Hindernis vor mir auf, dann werfe ich zuerst mein Herz darüber, dann folge ich selbst, so finde ich die richtige Lösung.	21 JAN	Ich plane heute freudig und entwerfe dabei ein klares Vorstellungsbild von dem, was in naher Zukunft geschehen soll und lächle. Dann lasse ich los.

Sicher eher nicht, doch am besten fragst du jemanden, der sich damit auskennt! Diesmal sind es ausnahmsweise nicht die berühmten ***gelben S.....*** aus der Rundfunkwerbung, sondern deine Eltern, die diesen unvergleichlichen Augenblick miterlebt haben.

Natürlich weiß jeder, wie so eine Geburt abläuft, das ist schon so alt wie die Menschheit selbst. Doch das, was bei dieser Geburt abläuft, das ist für mich:

DAS WUNDER DES LEBENS

Das von den Wehen gezeichnete Gesicht deiner Mutter und der besorgte Blick deines Vaters und dann passiert es; das, worauf die Beiden zehn Monate ihres Lebens hingefiebert haben.

Aus einer Öffnung, die von der Natur gar trefflich dafür vorgesehen wurde, kommst du heraus und wirst auf den Bauch deiner Mutter gelegt; du bist klebrig, ja sogar schmierig, aber du bist etwas von den Beiden, etwas das

22 JAN	Nur ich entscheide, wofür ich meine kostbare Zeit und Energie einsetzen will! Ich allein bin der Lenker und Denker meiner Gedanken!	23 JAN	Tut der Mensch, was er kann, dann kann er nicht mehr tun, als er tut. Heute reiche ich noch jemand die Hand, davon profitieren wir beide!

ihnen keiner nehmen kann. Sicher ist es das schönste Geschenk, das es auf unserer Erde gibt, das neugeborene Leben. Ein Glücksgefühl, das einfach unbeschreiblich ist. Deine Eltern leisteten mit deiner Geburt auch noch einen Beitrag für den ***Fortbestand des Guten*** in dieser Welt. Denn so bekamen sie die einmalige Möglichkeit dich zu einem eigenverantwortlichen, selbstbewussten, mit Begeisterung lebenden Menschen zu erziehen!

Der Mensch wird geboren um zu leben und nicht, um sich auf das Leben vorzubereiten!

Boris L. Pasternak, russ. Schriftsteller, 1890–1960

Nun ist also ein neues Leben entstanden, du bist auf der Welt und da fangen deine ***Probleme*** auch schon an. Was denkst du, ***Probleme*** seien etwas Negatives? Weit gefehlt, deine ***Probleme*** sind einzig und allein nur dafür da, um

24 JAN	Konsequentes positives Denken kann mein Leben verlängern und meine Ausstrahlung heute entscheidend verbessern, das gibt mir neue Energie!	25 JAN	Was stimmt nicht in meinem Leben? Ich gebe mir hier und jetzt einmal Rechenschaft darüber! Heute werde ich endlich handeln!

dich weiterzubringen! Also erstmal solltest du die neue Schreibweise für Probleme ausprobieren und zwar PRO-BLEME. Der Bindestrich ist ganz wichtig, denn er teilt den ersten Teil des Wortes ab. Die Erklärung dafür ist ganz einfach, denn ***PRO*** ist im Lateinischen die Vorsilbe ***FÜR*** und dann sind die ***PRO-BLEME*** etwas ***für dich***, also für deine persönliche Weiterentwicklung und Entfaltung und nicht gegen dich! Sonst müsste es ja auch ***ANTI-BLEM*** heißen.

Würde es die ***PRO-BLEME*** in deinem Leben nicht geben, du wärst den Herausforderungen des Lebens nicht gewachsen. Freue dich auf deine ***PRO-BLEME,*** denn es sind deine ***Wachstumshormone!*** Sie garantieren dir ein spannendes, erfülltes Leben.

Als du nun endlich geboren warst, da fing es dann auch schon an, du musstest deinen allerersten Atemzug selbst machen und nicht nur den, ab sofort jeden Atemzug und das sind so ca. 15 bis 20.000 Stück am Tag! Und du wirst

26 JAN	Ich versäume niemals eine günstige Gelegenheit, jemand zu einer guten Leistung zu gratulieren! Ich lobe und ich werde gelobt.	27 JAN	Ich lasse mir heute keine Schuldgefühle einreden, nur weil ich nach meinen eigenen Vorstellungen leben will. Ich bleibe mutig dabei.

damit fortfahren, bis dein Körper diese wunderschöne Erde eines Tages wieder verlässt. Das ist ein ganz einfaches Gesetz unseres Lebens, unter das wir uns alle stellen.

Du solltest deinem Körper und auch deinem Geist beständige Pflege angedeihen lassen, denn sonst wird deine Gesundheit leiden! Dein gegenwärtiges Befinden ist letztendlich das Ergebnis deines Denkens und Handelns in der Vergangenheit. Du bist das Ergebnis all der Umstände, die du selbst durch deine geistige und gefühlsmäßige Einstellung geschaffen hast.

Auch eine mächtige Flamme entsteht aus einem winzigen Funken!

Dante Alighieri, ital. Dichter, 1265-1321

Das Tolle ist, dass du selbst entscheidest, wie dein Leben verlaufen soll. Du hast die Freiheit, dich zwischen dem positiven und negativen Denken zu entscheiden. Nimm dir also auch die Freiheit, die richtige Entscheidung zu

28 JAN	Ich pflege Freundschaften mit positiven und mutigen Menschen! Heute ist mein bester Tag für meine Freude und meinen Erfolg!	29 JAN	Die Qualität meiner Gedanken bestimmt die Qualität des heutigen Tages! Ich schaffe jetzt einmal Ordnung in meinem Leben.

treffen. Übrigens, solltest du dich für die ***vermeintlich falsche*** Seite entschieden haben, damals, aus welchen Gründen auch immer, so hast du doch jederzeit die Möglichkeit deine Einstellung zu ändern.

Nur du weißt, was gut für dich ist. Lass dir das bitte von niemandem abnehmen, sonst unterliegst du vielleicht dem „Marionettendenken", was so viel bedeutet, dass du auf den kleinsten Fingerzeig eines anderen genau das tust, was er oder sie von dir erwarten. Als Puppe

im Spiel des Lebens an den Fäden zu hängen nimmt dir die Möglichkeit der freien Entscheidung und das wäre sehr schade.

Unser Leben ist das Produkt unserer Gedanken

Marc Aurel, Kaiser und Philosoph, 121-180 n. Chr.

Ein wahrhaft weiser Mann, dieser Marc Aurel, prägte er doch diesen Satz schon vor fast 2000 Jahren und hat

30 JAN	Schenkt mir das Leben eine Zitrone, dann mache ich einfach Limonade daraus. Ich nutze eine schlimme Krise zu meinem Vorteil!	31 JAN	Sorgenvolle Gedanken vermehren sich rasch und schaffen unnötige Existenzängste, deshalb lächle ich in die Welt und die Welt lächelt zurück!

doch dieser Satz heute noch genau so viel Wahrheit in sich wie damals. Ja, diese Formel gilt immer noch!

Mit unseren Gedanken ist es so eine Sache, hast du deine Gedanken wirklich immer ***im Griff,*** schweifen sie nicht oft genug ab? Eins ist sicher, deine Gedanken sind frei!

Fest steht: ***Du bist und wirst, was du denkst!*** Denkst du Erfolg, so wird sich dieser unweigerlich über kurz oder lang in deinem Leben einstellen und denkst du Misserfolg, so wird auch dementsprechend dein Leben verlaufen; denn nichts auf dieser Welt geschieht wirklich durch Zufall, alles hat einen Sinn.

Jedes hervorragende Werk ist zunächst unmöglich

Thomas Carlyle,
engl. Lehrer, Dichter, Sozialphilosoph, 1795–1881

Ob du denkst ***es geht*** oder du denkst ***es geht nicht,*** in beiden Fällen hast du absolut Recht. Denn nur du allein

01 FEB	Ich will heute Glück haben und weiß, dass das Glück nur von innen kommt! Ich erkenne klar die Gunst des Augenblicks.	02 FEB	Sehe ich heute jemanden, der offensichtlich meine Hilfe benötigt, dann helfe ich! Kann ich das nicht, dann verletze ich ihn wenigstens nicht!

entscheidest über die Qualität deiner Gedanken und darüber, ob dir etwas gelingt oder kläglich zum Scheitern verurteilt ist.

Also gib deinem Unterbewusstsein klare und eindeutige Bilder und es wird alles für dich bereiten! Achte dabei stets darauf, dass du den zweiten Schritt nicht vor dem ersten tust, damit erreichst du, dass dein Vorhaben auch gelingt.

Fühlst du zu Großem dich berufen, dann fange mit dem kleinen an; kein Mensch erreicht die letzten Stufen, der nicht die erste nehmen kann!

Gano Yah

Der Mensch ist von Natur aus träge und das Leben ist die tägliche Überwindung der Schwerkraft – akzeptiere dies! Du wirst dafür belohnt, also habe den Mut dazu. Tue mit ***Begeisterung*** den ersten Schritt und dann den nächsten

03 FEB	Ich stelle mich meiner Angst und gebe zu, dass sie existiert! Dann wird sie mich bestimmt auch nicht mehr beunruhigen, denn ich bin stark!	04 FEB	Will ich mit dem positiven Denken beginnen, dann ist der beste Zeitpunkt dafür heute! Ich bin überzeugt, es geschehen noch Wunder.

und den nächsten und du wirst erleben, wie dein Werk wächst und gedeiht! Auch eine Reise über viele 1000 km beginnt immer mit dem ersten Schritt!

Nun gibt es leider viele Dinge, die dich davon abhalten können, den ersten Schritt zu tun. Da wäre als erstes das ***einfache*** Wörtchen ***wenn...***

Damit lassen sich so unproduktive Dinge sagen, wie:

Ich wäre erfolgreicher, *wenn* man mir...

Ich hätte schon viel früher angefangen, *wenn* ich...

Ich müsste ja abnehmen, ich fange an, *wenn*...

Ich würde ja gerne in Urlaub fahren,

wenn nur nicht...

Kennst du diesen uralten Slogan:

WENN DAS WÖRTCHEN „WENN" NICHT WÄR, WÄR ICH SCHON LANGE MILLIARDÄR!

05 FEB	Will ich, dass mein Leben ein Abenteuer voller Freude ist, dann überwinde ich heute Sorgen und Zweifel. Ich schaue nur auf meine Stärken.	06 FEB	Ein Entschluss, dem nicht auch die Tat folgt, ist wertlos. Ich fasse heute den richtigen Entschluss und dann führe ich ihn auch konsequent durch.

Alle diese Formulierungen, klingen sie auch noch so sehr nach Tatendrang, sind in Wahrheit doch alles nur Einschränkungen und oftmals auch ***Entschuldigungen***, warum du irgendetwas zur Zeit nicht tun kannst oder willst! Sie hindern dich daran, wirklich erfolgreich zu leben, darum empfehle ich dir, sie aus deinem Wortschatz zu streichen. Genau so verhält es sich mit folgendem, oft zitierten Satzanfang: „***Ja, aber...***“

07 FEB	Ich lobe mich mindestens einmal täglich. Warum soll ich darauf warten, dass es irgendwann am Tag einmal ein anderer tut...	08 FEB	Heute übe ich mich in einer positiven, heiteren, herzlichen Einstellung zu meinem Leben! Ich glaube ganz fest an mich und meine Möglichkeiten.

Hör dich einfach mal um und achte ab heute bewusst darauf, wie viele Menschen diese Formulierung tagtäglich benutzen und dir wird auffallen, dass diese zwei winzigen Wörtchen in der Lage sind eine ganze Nation zu beschäftigen!

„Ist das Leben nicht herrlich?" ***„Ja, aber*** ich glaube, anderen geht es viel besser als mir...!" oder „Ist unser neues Wohnzimmer nicht schön?" ***„Ja, aber*** ich hätte eine andere Gardine genommen...!"

Eben dieser Satzanfang ist es, der eine Denkblockade bei dir auslöst, die dich daran hindert, es doch zu versuchen. Er macht es dir unmöglich, dich für etwas wirklich zu begeistern und zieht zu allem Übel dein Gegenüber auch noch mit runter. Also streiche dieses "Ja, ~~aber...~~" bitte sofort aus deinem Sprachgebrauch.

Nutze deine Talente lieber dazu, um andere Menschen zu begeistern und glücklich zu machen; denn dann wirst du es auch selbst, so viel ist sicher!

09 FEB	Umdenken braucht Geduld und Übung. Ich werde nicht über Nacht zum Optimisten. Aber wenn ich fest daran glaube, dann wird es geschehen.	10 FEB	Leben bedeutet: Ständig lernen aus Fehlern. Ich wandle heute alle meine PRO-BLEME und Nöte in Glück und Erfahrung um. Das stärkt mich.

Weißt du, wie dir das ganz einfach gelingt?

Schick ein ***Lächeln*** in die Welt, mache den ersten Schritt und warte nicht darauf, dass es ein anderer tut!

Ein Lächeln kostet weniger als Elektrizität und bringt mehr Licht!

Abbé Pierre, Obdachlosenpriester, kath. Theologe, *5.8.1912

Lächele in die Welt und die Welt lächelt garantiert zurück. Mag sein, dass es an einer ganz anderen Stelle zu einer ganz anderen Zeit passiert, doch es lohnt sich immer, gute Laune zu verbreiten. Wie das geht, na ganz einfach, z.B. mit diesen vier Buchstaben hier:

LMAA

Du kennst diese Abkürzung? Prima, dann weißt du ja auch, was sie bedeutet! Es ist natürlich durchaus möglich, dass du eine andere ausgeschriebene Version für diese

11 FEB	Gäbe es nur Sonnentage in meinem Leben, dann wüsste ich die Sonne nicht mehr zu schätzen. Heute ist ein besonders guter Tag.	12 FEB	Wenn ich in einer lebenswerten Zukunft leben will, dann muss ich heute erst einmal Klarheit in meine Gedanken bringen.

vier Buchstaben kennst als ich! Dann lass uns das überprüfen. Also meine Version heißt so:

Lächele Mehr Als Andere

Diese Version hattest du auch? Na also, dann kann es ja losgehen. Am besten fängst du schon morgens früh damit an. Lächele doch einfach nach dem Aufwachen sofort deinen Partner oder deine Partnerin an. Und wenn du das mal vergisst oder du hast vielleicht gar keinen Partner, dann solltest du folgendes machen:

Gleich nach dem Aufwachen stehst du auf und gehst ins Badezimmer. Du stellst dich vor den Spiegel und lächelst in den Spiegel hinein. Was, das kannst du nicht? Warum nicht? Gehörst du etwa auch zu den Menschen, die sich strikt weigern, den haarigen ***Unbekannten*** im Spiegel zu waschen? Es ist wirklich ganz einfach, also mach es einfach! Und

13 FEB	Ich kann nicht eine einzige Sekunde meiner Vergangenheit verändern. Ich schaue freudig nach vorn, denn heute ist mein bester Tag.	14 FEB	Ich bin lebensfroh, voller Schaffenskraft und sage mir immer wieder: Das Leben ist schön. Ich lebe gern, es macht mir Spaß.

dann wirst du sehen, ohne Verzögerung lächelt dein Spiegelbild zurück! Das ist der Moment, wo sich der Mundwinkel, der Zykomatikus Major, anhebt und der hat Verbindung zur Schilddrüse und die Schilddrüse hat Verbindung mit dem Thymus. Und der ist verantwortlich für deine Lebensfreude.

**Der Heiterkeit sollen wir,
wann immer sie sich einstellt,
Tür und Tor öffnen;
denn sie kommt immer
zur rechten Zeit!**

nach Arthur Schopenhauer, Naturwissenschaftler, Philosoph, Privatgelehrter, 22.02.1788-21.09.1860

Der Thymus liegt so zwischen dem 2. und 3. Brustwirbel und den solltest du jeden Morgen ganz einfach durch Klopfen aktivieren. Wo hast du diesen Vorgang schon mal beobachtet, vielleicht sogar mit beiden Fäusten?

Richtig, in einem Affenhaus im Zoo. Sag jetzt bitte nicht,

15 FEB	Ich bin neugierig auf diesen Tag. Ich halte heute meine Augen offen. Nur so erkenne ich meine besten Chancen. Die nutze ich auch.	16 FEB	Die Einstellung und Haltung eines Siegers ist das Wichtigste, was ich auf dem Weg zum persönlichen Erfolg brauche.

das Beispiel sei weit hergeholt, denn eins haben die Affen noch, was uns Menschen weitestgehend verloren gegangen ist, den Instinkt, der ihnen sagt, dass dieses einfache Klopfen ihnen ***Lebensfreude*** beschert!

Lächeln ist ein sicheres Zeichen für deine ***Begeisterung!*** Weißt du, wer wirklich noch zu echter Begeisterung fähig ist? Das sind Kinder. Kinder lachen am Tag bis zu 400 mal richtig herzhaft und Erwachsene?

Eine Zahl von 15 Mal im Schnitt ist normal! Kaum zu glauben, wie viel da im Laufe der Jahre auf der Strecke geblieben ist.

Nur 15 Lacher pro Tag? Da trifft dann der viel zitierte Satz zu, der sagt: ***„Da gibt es gar nichts zu lachen“*** oder ***„Es gibt Menschen, die gehen zum Lachen in den Keller!“*** Sicher gehörst du nicht zu dieser Spezies und das ist gut so!

Nun mag es sein, dass du das Leben unter Umständen

17 FEB	Ich packe meine Arbeit heute mit großer Begeisterung an, sie beginnt zu leben und eröffnet mir so viele neue Möglichkeiten.	18 FEB	Sieger erreichen ihre Ziele, Verlierer suchen nach Ausreden. Ich habe mehr Mut zum Scheitern und wage heute endlich etwas.

auch kritisch siehst, dann doch aber in jedem Fall so:

Das Leben ist schwer – ein Grund mehr, es auf die leichte Schulter zu nehmen!

Emil Gött, dt. Schriftsteller und Dramatiker, 1864–1908

Also, sei begeistert und habe Spaß am Leben. Sei absolut davon überzeugt, das Richtige zu tun. Dann bist du auch voller Entschlusskraft und spürst diese Begeisterung in dir, die dich mit völliger Hingabe sofort deine geplante Tat vollbringen lässt. Am Ende deines Tuns stellt sich dann der gewünschte Erfolg ein und gehört alleine dir.

Allerdings musst du auch bereit sein mit fliegenden Fahnen unter zu gehen, für den Fall, dass du scheitern solltest. Das Große und Geniale zu wagen, die schönsten Erfolge zu feiern und dafür den einen oder anderen Rückschlag zu riskieren ist in jedem Fall besser als zu den Menschen zu gehören, die in ihrem Leben weder große

19 FEB	Taucht heute mal wieder ein negativer Gedanke auf, ersetze ich ihn durch einen positiven, vertrauensvollen Gedanken und lächle dabei.	20 FEB	Ich bin froh, so zu sein, wie ich bin! Ich glaube fest an mich und akzeptiere auch meine Entscheidungen! Ja, ich bin einzigartig!

Freude noch bitteres Leid gekannt haben. Sie riskieren besser nichts, wählen stets den bequemen Mittelweg, der weder Auseinandersetzungen noch großen Erfolg kennt.

Das Leben ist viel zu kurz um auch nur eine Sekunde davon zu vergeuden. Schiebe aus bloßer Angst vor der Enttäuschung nichts vor dir her. Gib deine persönliche Freiheit wegen absoluter Sicherheit bitte nicht auf. Sonst gewinnst du am Ende weder Freiheit noch Sicherheit und das wäre doch sehr schade.

In dir muss brennen, was du in anderen entzünden willst!

Augustinus, Philosoph und Theologe, 345–430

Wir Menschen brauchen einfach diese ***Begeisterung*** im Leben! Die Begeisterung ist die hell lodernde Flamme in dir, es ist der feste Druck deiner Hand und das Blitzen in deinen Augen voller Entschlossenheit und Tatkraft.

Es ist pure Energie, die dein Leben zu einem Abenteuer

21 FEB	Ich sage dem anderen ganz klar, was mich an seinem Verhalten stört. Ich bin heute jedoch nicht mehr bereit, mich darüber zu ärgern.	22 FEB	Ich zerbreche mir nicht immer den Kopf der anderen, sondern versuche, aus meinem Leben heute noch das Beste zu machen.

macht. Diese ***Energie*** bringt deine ganze Umgebung zum Knistern. Das spürt jeder, der mit dir zu tun hat.

Nur wenn du diese echte ***Begeisterung*** verspürst, dieses einmalige Gefühl, das dich und die anderen berauscht, ist

23 FEB — Heute schaffe ich mir ein erreichbares Lebensziel, denn ich habe einzigartige Begabungen und Talente! Diese nutze ich heute, denn es ist mein bester Tag.

es dir möglich, deine selbst gesteckten Ziele zu erreichen. Sei eins mit diesem unbeschreiblichen Lebensgefühl zu deinem Wohl und zum Wohle deiner Mitmenschen. Setze stets alles das ein, was du hast!

Mit Begeisterung gelingt dir ***alles, ohne Begeisterung*** gelingen dir höchstens ***Ausreden***! Richte deinen Blick auf dein Ziel, denn dahin fließt deine gesamte Lebensenergie. Das gibt dir die Kraft für ein Leben in der Fülle. Nutze die Begeisterung, die einzig sinnvolle positive Lebensform, um deine Umgebung damit anzustecken. Diese Leidenschaft ist der beste Nährboden für deine wirklich großen Lebenserfolge, aufrichtige Begeisterung für dein Leben.

Gib jedem Tag die Chance, der schönste in deinem Leben zu werden!

Mark Twain, Schriftsteller, 1835–1910

KAPITEL 2
DIE LIEBE

**Liebe ist das Einzige
was wächst, wenn wir
es verschwenden!**

Ricarda Huch, dt. Schriftstellerin, 1864-1947

. . . und die ***Liebe*** hat mehr ***Macht*** über Krankheiten als jede Arzneikunst! Die Liebe, die du im Überschuss gibst, ist in der Lage wahre Wunder zu bewirken!

Auch ist dieser gut schmeckende Zaubertrank an keine besondere Regel gebunden! Ob Asterix, Obelix, der kleine Idefix, ob Frau oder Mann, ob Arm oder Reich, Jung oder Alt, schön oder weniger schön, jeder ist auf der Stelle wie umgewandelt, wenn er davon kostet!

Liebe ist mit Sicherheit die allergrößte Macht auf Erden, das wirksamste Elixier gegen den Hass! Wenn es auf der Welt wirklich jemanden gibt, den du verabscheust und du spürst, wie du dich von diesem Hass verzehren lässt, dann fange an, diesen Menschen zu lieben. Auf diese

24 FEB	Ich bin heute genau das, was ich denke. Ich bin sicher, dass meine Lebensquelle, das Glück, nie versiegt. Jetzt lege ich los.	25 FEB	Mein Denken bestimmt mein Gefühl und mein Handeln. Ich achte darauf, nur die Gedanken zu verstärken, die mir nutzen!

Weise bekommst du statt eines Feindes einen Freund und statt Magengeschwüren breitet sich bei dir Wohlbehagen aus.

Freunde - jene seltenen Menschen, die dich fragen, wie es dir geht, und dann auch noch die Antwort abwarten!

nach Hermann Melville, Autor, 1819-1891

Völlig klar ist, dass die Liebe zu Freunden etwas Wunderbares ist, die wirkliche Liebe beginnt aber erst mit deinem aufrichtigen Entschluss, auch Deine Feinde zu lieben! Das hört sich nach einem schweren Stück Arbeit an, mag sein, aber es lohnt sich für dich in jedem Fall.

Prüfe zuerst einmal, ob die Menschen, die du als Feinde bezeichnest, auch wirklich Feinde sind. Bist du davon überzeugt, dann gib ihnen statt Gedanken, Worten und

26 FEB — Ich übe mich so lange darin, die Menschen zu lieben, bis ich sie wirklich liebe! Mehr Freude sorgt so für viel mehr Wohlbefinden.

27 FEB — Heute habe ich besonders starken Appetit auf Wissen, Glück, Freiheit, Sexualität, Tätigkeit, Sport und Gesundheit!

Taten voller Hass deine ganze Liebe und dann lasse sie los! Mehr kannst du nicht tun; mehr macht auch überhaupt keinen Sinn.

Zum Glück gibt es auf unserer Erde ein uraltes, ewig junges geistiges Gesetz der Anziehungskraft, das besagt in aller Einfachheit: ***Gleiches zieht Gleiches an!***

**Lächeln erzeugt Lächeln,
genauso wie Liebe
Liebe erzeugt!**

Mutter Theresa, "Frau Gottes", 1910-1997

Also sende Liebe und Wohlwollen aus und Liebe und Wohlwollen kommen zu dir zurück! Nur wenn du lernst dich selbst zu mögen, als liebenswürdigen, guten Menschen anzuerkennen und zu lieben, erst dann wirst du in der Lage sein, auch andere Menschen wirklich lieben zu können!

Über die Liebe sind sehr viele Gedichte geschrieben

28 FEB	Das Leben ist ein freudiges Abenteuer, egal, wie viele dunkle Täler ich auch durchqueren muss. Ich bin heute wieder guten Mutes.	29 FEB	Der beste Tag für ein 4-Jahres-Ziel ist Heute! In 4 Jahren blicke ich zurück; ich freue mich schon jetzt auf das tolle Ergebnis!

worden und eines schrieb eine gute Freundin von mir. Dieses habe ich hier für dich abgedruckt:

Leasingvertrag (Nr. 2) 25.03.98

Viele glauben, das Leben gehöre einem selbst,
doch manch einer muss es viel zu früh
zurück geben!

Denn wir haben das Leben auf dieser Erde
nur geleast (geborgt)
für eine - völlig - unvorhersehbare, unbestimmte Zeit!

Deshalb lebe den Tag - deinen Tag - mit dem Mut dein
eigenes Leben zu leben - selbstbestimmt!

Mit dem Mut, der Stärke, dem Glauben an Gott,
an dich selbst
und an das Einzige, was wirklich zählt
auf dieser Welt -

lebe die Liebe!

Thea PLUQUETT

Die Liebe zu uns selbst und zu allen anderen ist unsere

01 MÄR	Heute mache ich mir keine unnötigen Sorgen um meine Zukunft. Sie bringt mir genau das, was für mich das Beste ist. Darauf vertraue ich!	02 MÄR	Ich pflege kein Selbstmitleid. Viele meiner Mitmenschen sind viel schlechter dran als ich. Freude ist eine Lebenskunst. Heute pflege ich sie!

große Aufgabe auf dieser Welt. Sie tritt in den vielfältigsten Formen auf. Die erste Form, die wir beleuchten wollen, ist eine sehr angenehme Art der Liebe, die

FREUNDSCHAFT

Was ist ein ***Freund***? – Ein Freund ist ein Mensch, der an deine Tür klopft, wenn dich alle Welt verlassen hat! Ein Freund ist aber auch ein Mensch, der hinter deinem Rücken stets Gutes über dich sagt.

Freundschaft ist nicht nur ein köstliches Geschenk, sondern auch eine dauernde Aufgabe!

Ernst Zacharias, Akustiker aus Trossingen, *21.06.1924

... und diese Aufgabc beginnt damit, dass du ***dein eigener Freund*** wirst. Hältst du dich selbst für nicht liebenswert, dann wirst du dir auch nicht wirklich vorstellen können, dass jemand anderes dich mag, also wirst du jedem mit überflüssigem Misstrauen gegenübertreten, der sagt, dass

03 MÄR	Meine Einstellung zum Geld bestimmt meine finanzielle Situation. Ich verdiene nur das, was ich mir selbst wert bin!	04 MÄR	Ich bin froh, so zu sein, wie ich bin! Ich glaube an mich, und respektiere meine Entscheidungen! Ich bin ein einzigartiger Mensch.

er dich nett findet. Unter gewissen Umständen wirst du ihm vielleicht sogar Unehrlichkeit, absichtliche Heucheleien oder gar schäbige Hintergedanken unterstellen! Kurz gesagt, wenn du dich nicht magst, wie sollen dich dann andere mögen und wenn du dich nicht magst, wie sollst du dann andere mögen? Dein positives Verhalten den anderen Menschen gegenüber äußert sich immer in Freundlichkeit und Rücksichtnahme, etwas, das täglich neu gelernt werden will.

Es gibt nur eine Möglichkeit, einen Freund zu haben: Du musst selber einer sein!

nach Ralph Waldo Emerson, amerik. Philosoph und Dichter, 1803-1882

Diese, unsere wunderbare Erde ist ein grenzenlos schönes Betätigungsfeld für jeden von uns! Das musst du nur erkennen! Wer bewusst jede Möglichkeit ausprobiert, das Bessere im Leben zu finden, macht sich oft nützlich, unentbehrlich und erhält auf lange Sicht sein Glück!

05 MÄR	Ich gehe hin und suche mir jemanden, der meine Hilfe benötigt. Ich gewähre sie dann großzügig und spüre, dass Freude stets heilen hilft.	06 MÄR	Gefühle des Unwillens oder der Voreingenommenheit, die ich anderen entgegenbringe, kommen stets zu mir zurück!

Also sei dir doch einfach selbst ein Freund, dann werden es auch die anderen! Übrigens hat Freundschaft nichts damit zu tun dass ihr euch täglich anruft oder ständig aneinander denkt, ein wahrer Freund ist dann da, wenn du ihn wirklich brauchst, ein wahrer Freund bietet dir dann seine Hilfe an, wenn du sie am nötigsten hast und dabei spielt es keine Rolle, ob ihr euch eine Woche nicht gesehen oder gesprochen habt oder viele, viele Jahre. Das mit der Hilfe sollte natürlich auch unbedingt für dich gelten, ok? :

VERANTWORTUNG

Wer liebt, der ist auch verantwortlich. Du bist nicht nur verantwortlich für das, was du tust; sondern natürlich auch für das, was du nicht tust. Wenn du die Meinung der anderen für richtig hältst, dann zwingt dich dies unterbewusst dazu, der Erwartungshaltung der anderen Menschen zu entsprechen. Aber nach wie vor gilt noch: ***Es recht zu tun jedermann, ist eine Kunst, die keiner kann!***

07 MÄR	Ich kümmere mich nicht übermäßig um das Morgen! Ich bin heute wieder einmal gelassen, heiter und ruhig! Das ist gut so.
08 MÄR	Habe ich mir heute ein besonders wichtiges Ziel gesetzt, dann gebe ich nicht auf, bis es erreicht ist! Ich halte unbedingt durch.

Du bist der einzige Mensch, der wirklich entscheiden kann, was für dich persönlich das Beste ist. Du weißt es, nur du kennst die Antwort. Was die Gesellschaft über dich denkt, ist völlig belanglos. Nur du allein kennst die wirklichen Zusammenhänge. Solange du an diesem ***Spiel des Lebens*** teilnimmst, ist das so, zumindest noch so.

Ist es dir wirklich egal, was andere über dich denken oder sprechen? Nein, dann solltest du noch an dir arbeiten, denn du bist kaum in der Lage die anderen zu beeinflussen, also kann es dir egal sein. Vor allem, sofern du folgende Regel befolgst:

Die goldene Regel

Was du nicht willst, das man dir tu,
das füg auch keinem andern zu!

Noch besser ist es, wenn du nicht die "alt bekannte", sondern die neue, positive Form dieser Regel verwendest: „Behandele andere stets so, wie du von ihnen behandelt werden möchtest!"

09 MÄR	Nehme ich mich etwas weniger wichtig, kann mich heute niemand verletzen! Ich übe mich jetzt in Gelassenheit und Geduld.	10 MÄR	Ich mache mich von der Meinung anderer weitestgehend unabhängig! Heute ist dafür ein wichtiger Tag. Ich nutze ihn!

Mehr kannst du nun wirklich nicht tun, alles andere liegt nicht in deiner Hand. Brauchst du Hilfe zu dem Thema, dann schick mir doch bitte eine Mail: egal@8x8-leben.de

ANNEHMEN - SICH SELBST UND ANDERE

Ab sofort solltest du jeden annehmen, so wie er ist, und vor allem solltest du auch dich selbst annehmen.

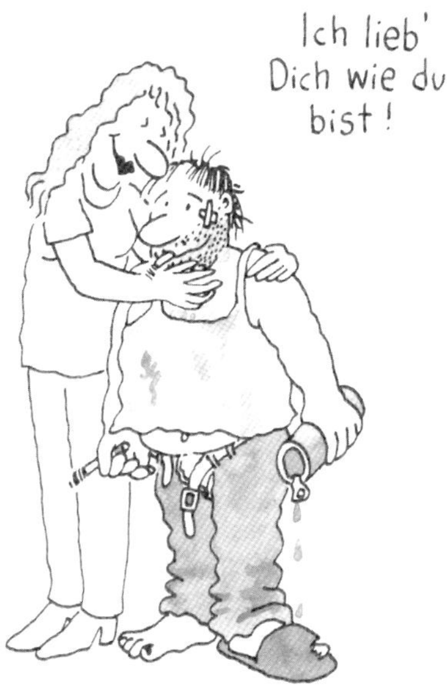

11 MÄR	Wenn ich ständig an negative Dinge denke, gestatte ich ihnen, einen Platz einzunehmen, der ihnen nicht zusteht. Jetzt ist endlich Schluss damit!	12 MÄR	Ich mache meinen Kopf frei von allen negativen und selbstzerstörerischen Gedanken! Ich schaue heute nur auf die Lösung.

Du weißt, wenn du dich änderst, dann ändert sich die Welt um dich herum. Sei absolut fest davon überzeugt, dass dir das Leben das zurückgeben wird, was du ihm, dir selbst und deinen Mitmenschen heute wieder schenkst. So wird aus dem heutigen Tag der beste deines Lebens.

Liebe dich selbst, dann können die anderen dich gern haben. ;-)

Eberhard C. Breuer, Coach + staatl. gepr. Lehrkraft, *18.11.1969

Beiderseitiges Vertrauen und Achtung sind Dinge, die zu einer wirklich guten Beziehung dazugehören. Wenn beide Partner eine gesunde Einstellung zur Liebe haben und stets darauf bedacht sind sich selbst und dem anderen Freude zu bereiten, dann will so eine Beziehung auch gelingen.

Sei von deinem Partner begeistert, denn bist du das nicht, signalisierst du deinem Unterbewusstsein - das ist der richtige Partner noch gar nicht, der richtige kommt erst noch!

13 MÄR	Ich lasse mich nicht durch Angst vor Misserfolgen von meinen Entscheidungen abhalten. Ich habe keine Angst vor Fehlern.	14 MÄR	Ich bin sehr dankbar für all meine guten Talente und Fähigkeiten, die ich habe und denke heute daran, dass ich einzigartig bin.

Nur wenn es dir gelingt dich selbst so anzunehmen wie du bist, mit all deinen Macken und Ungereimtheiten, dann bist du auf dem richtigen Weg!

Wenn es dir dann auch noch gelingt, den anderen anzunehmen, genau so wie er ist, dann ist das ganz sicher das Optimum.

Das Vergleichen ist das Ende des Glücks und der Anfang der Unzufriedenheit

Sören Kierkegaard, Dän. Theologe und Philosoph, 1813-1855

In einer guten Beziehung sollte sich der Zusammenhalt auf ***Team-Arbeit*** stützen können. Jeder hat hervorragende Talente und Möglichkeiten in sich, um diese in die Beziehung einzubringen.

Weder du noch dein Partner muss 100% perfekt sein, kleine Abstriche machen ist absolut ok! Du weißt es doch: „Nobody is perfect“, auch wenn wir das manchmal gerne

15 MÄR	Liebe ist eine der elementarsten Quellen des Glücks. Ich achte heute einmal verstärkt darauf und übe mich darin, gelassen und glücklich zu sein.	16 MÄR	Die Kraft meiner Gedanken richte ich immer darauf, aus jeder Situation nur das Beste zu machen. Heute schaffe ich es.

hätten. Niemand drängt dich in eine Lebensanschauung, sondern nur du allein entscheidest dich dafür.

Es gibt vielleicht auf der ganzen Welt kein anderes Mittel, ein Ding oder ein Wesen schön zu machen, als es zu lieben!

Robert Musil, Schriftsteller, 1880-1942

Warum sollen wir unser Leben lang auf den ***außergewöhnlichen*** Menschen warten? Viel besser ist es doch, die ***gewöhnlichen*** um uns herum in solche zu verwandeln! ***Vor allem*** aber ist es wichtig, dich ***selbst glücklich*** zu machen. Denn nur, wenn du glücklich bist, dann kannst du auch andere glücklich machen!

Stelle dich also mutig deinen ***PRO-BLEMEN*** und heiße sie in deinem Leben dankbar willkommen und dann entschließe dich jetzt zu dem einzig wahren, wunderbaren

17 MÄR	Ich übernehme gerne die volle Verantwortung für alles, was von mir kommt, besonders für meine Gedanken. Das macht mich glücklich und frei.	18 MÄR	Ich verbringe mein Leben nicht damit, die Erwartungen anderer zu erfüllen. Ich lebe heute unbeschwert und gehe meinen eigenen Weg.

Lebensmotto: ***Ich liebe mich, ich liebe dich.*** Diese starke und positive Einstellung zu dir selbst und zu anderen zeigt deine Fähigkeit ohne Streben nach Vollkommenheit jede Gelegenheit zur Weiterentwicklung zu nutzen.

So musst du leben: Immer die kleinen Freuden aufpicken, bis das große Glück kommt. Und wenn es nicht kommt, dann hast du wenigstens die „kleinen Glücke" gehabt!

nach Theodor Fontane, Schriftsteller, 1819-1898

So wirst du bestärkt in der Liebe zu allen Wesen auf dieser Erde. Du empfindest Glück und lebst in Harmonie mit dir und der Umwelt in dem unerschütterlichen Glauben, dass auf diesem Planeten alles zu deinem Wohle geschieht. Dann machen dir das Leben und die Liebe Spaß!

Also, mit dieser Einstellung bist du garantiert auf dem

19 MÄR	Ich wende das "So - tun - als - ob" - Prinzip zu meinem Nutzen an! Ich handle so, als ob ich die gewünschten Eigenschaften schon besitze.	20 MÄR	Durch Unentschlossenheit riskiere ich möglicherweise, die Chance meines Lebens zu verpassen. Heute bin ich entschlossener.

richtigen Weg! Jetzt wünsche ich dir, dass du lieben kannst – ohne festzuhalten, ohne aufzurechnen und natürlich ohne dich selbst aufzugeben!

Etwas lieben und etwas verschönern ist ein und dasselbe!

Robert Musil, Schriftsteller, 1880-1942

... und dann wünsche ich dir noch, dass du Liebe erlebst, in der du deine Schwächen zeigen darfst, denn keine Liebe ist größer!

Die wenigen „wirklichen“ ***Supermänner*** mit den muskelbepackten, tief gebräunten Vorzeigekörpern, die gibt es doch oft nur im Fernsehen oder Kino. Ebenso verhält es sich mit den so genannten ***Traumfrauen***, die mit langen, lockigen Haaren und keinem Gramm zuviel auf den Hüften dir das Wasser im Munde zusammenlaufen lassen. Sei versichert, dass es darauf gar nicht ankommt, du musst

21 MÄR	Ich sprühe heute vor Leben und Optimismus! Meine Begeisterung wirkt immer ansteckender auf die Menschen um mich herum!	22 MÄR	Ich krieche nicht auf Händen und Füßen durchs Leben! Sonst vergeude ich die Kraft, die ich zum Aufstehen brauche.

nicht wirklich einen Ken oder eine Barbie finden. Menschen haben nun einmal ihre Ecken und Kanten, sie haben auch ihre ***PROBLEME*** und ihre Sehnsüchte und jeder ist einzigartig. Finde einen solchen Menschen, mit dem du eine bestimmte Zeit auf diesem Planeten wandelst und werde glücklich! Das bist du schon? - Herzlichen Glückwunsch!

Das höchste Glück des Lebens besteht in der Überzeugung, geliebt zu werden!

Victor Hugo, franz. Dichter, 1802-1885

Es war da noch eine Liebe, die der eine oder andere von uns nicht wirklich in bester Erinnerung hat:

ERZIEHUNG

Liebe fängt am Anfang an. Mit dem Zeitpunkt deiner

23 MÄR	Ich entnehme meiner Gedächtnisbank heute nur positive Gedanken und Bilder. So lasse ich die negativen mehr und mehr verblassen!
24 MÄR	Ich zerbreche mir nicht immer den Kopf der anderen, sondern versuche, aus meinem Leben heute nur das Beste zu machen.

Zeugung begann dieser Prozess. Das Kind spürt schon im Mutterleib, ob es geliebt wird! Dann kommt es auf diese Welt und wird hoffentlich geliebt und natürlich ***erzogen*** – aber was heißt das eigentlich, ***erziehen***? Also das Wörterbuch in meinem Textprogramm findet für ***erziehen*** folgende Synonyme: bilden, heranbilden, vorbereiten, ausbilden, befähigen, beibringen, schulen, disziplinieren; hört sich nicht gerade so an, als ob das etwas mit Liebe zu tun habe, doch es hat damit zu tun, wenn du es willst!

Du kannst in Kinder nichts hineinprügeln, aber vieles herausstreicheln!

Astrid Lindgren, Schriftstellerin, Dr. phil. honoris causa der Universität Linköping, 14.11.1907-28.01.2002

Mag sein, dass dir bei der ***Erziehung*** manches Mal ***der Hut hochgeht*** oder „***die lieben Kleinen***" dich zur ***Weißglut*** bringen, doch, egal was passiert, deine Schläge lösen diese ***PRO-BLEME*** auf keinen Fall!

25 MÄR Um begeistert zu sein, muss ich auch begeistert handeln. Heute sehe ich einmal ganz bewusst die beste Seite der Dinge!

26 MÄR Ich packe Situationen, in deren Mittelpunkt die Angst steht, mit gesunder Vernunft an, dann werde ich mich selbst daraus befreien!

In Situationen, in denen du nicht mehr weiter kommst, nimm doch einfach professionelle Hilfe in Anspruch, denn die Erziehungsberatungsstellen helfen dir im Notfall sicher gerne weiter. hilfe@8x8-leben.de

Bitte wende auch keine der folgenden oder ähnliche Floskeln an, auch wenn du sie vielleicht selber in deiner Kindheit und Jugend immer wieder gehört haben solltest:

27 MÄR	Ich belohne mich heute mit etwas Besonderem! Ich habe es mir verdient! Ich erhöhe meine Lebensqualität. Ich bin einmalig.	28 MÄR	Das, was ich erwarte, wirkt wie ein Magnet, im Guten wie im Bösen. Meine Freude heilt meine schlechten Gewohnheiten.

Was - du kennst noch mehr?! Bitte schön: ***dass kannst du nicht - deine große Schwester kann das viel besser - du bist sowieso ein Tollpatsch - lass das - tu das*** – und ganz schlimm: ***„Was sollen die Leute dazu sagen?!?"***

Wissenschaftliche Studien belegen, dass dir solche und ähnliche Suggestionen bis zu deinem 18. Lebensjahr über 100.000 mal von Menschen gegeben werden, die dich ***erziehen*** wollen/sollen, also auf das Leben vorbereiten!

Zeige deinen Kindern deine/ihre Welt, zeige ihnen, wo sie zu Hause sind und gib ihnen das Gefühl auf dieser Erde willkommen zu sein! Leite sie an zum positiven Denken und gib ihnen einfach folgendes:

Zwei Dinge sollen Kinder von ihren Eltern bekommen: Wurzeln und Flügel!

Johann Wolfgang von Goethe, größter dt. Dichter, Biologe, Jurist, Geologe, Geheimrat, Minister etc., 28.8.1749-22.3.1832

29 MÄR	Ich habe Mut zu großen Zielen und glaube daran, dass ich sie heute erreiche; ich kann es! Das Wichtigste ist mein innerer Reichtum.	30 MÄR	Aus der Pflege glücklicher Gedanken und Gewohnheiten entsteht ein glückhaftes Leben. Heute lacht mir dieses Glück.

Zeige ihnen auf, dass das menschliche Zusammensein auch Regeln hat und bereite sie darauf vor, wobei die wichtigste Regel natürlich die ***Goldene*** ist, damit kommst du im Leben wirklich weiter.

Gib deinen Kindern alle Liebe, die du ihnen zu geben im Stande bist, damit ihnen Flügel wachsen. Flügel, mit denen sie in die Welt hinausfliegen können, wenn sie flügge geworden sind! Damit das passiert, musst du nur noch eines tun, was vor allem Müttern besonders schwer fällt.

LOSLASSEN KÖNNEN!

Das kannst du? Prima, da fällt mir ein Stein vom Herzen, denn ich habe schon so viele Mütter kennengelernt, die das nicht können! Dabei ist es doch so wichtig!

Was uns nicht viel bedeutet, können wir leicht loslassen. Aber unsere Kinder oder auch unseren Partner loszulassen, an denen wir emotional sehr stark hängen, das erfordert ganz starkes Vertrauen und Opferbereitschaft.

31 MÄR	Ich erkenne, dass die einzige Grenze meiner Kreativität die ist, die ich mir selbst gebe. Ich beseitige nun alle Barrieren.	01 APR	Ich betrachte Menschen, die mich aufregen, nicht als meine Feinde, sondern heiße sie als meine Trainingspartner freudig willkommen.

Die Gelassenheit ist die Herrschaft des Geistes über den Körper. Und wer gelassen sein will, der muss loslassen können.

Wir müssen das Loslassen lernen. Es ist die große Lektion des Lebens!

Julie Schlosser, Autorin, 16.5.1777-5.7.1793

Die Liebe zu deinen Kindern verlangt sicher schon viel Opferbereitschaft, aber eine Facette der Liebe verlangt noch viel mehr davon, es ist die

LEIDENSCHAFT

Wir sprachen anfangs schon von der Begeisterung und diese Begeisterung, gepaart mit dem sexuellen Verlangen, das ist ***Leidenschaft***. Genieße deine Sexualität in vollen Zügen und ohne Tabus, aber natürlich unter der Berücksichtigung der ***goldenen Regel***!

02 APR	Ich tue heute das, was ich schon immer tun wollte! Ich tue es gleich und mit der größten Begeisterung, derer ich fähig bin!	03 APR	Heute ist ein großartiger Tag für mich. Das sage ich allen und lächle! Das wird mein jetziges Leben ganz einfach wunderbar verändern.

Erlaubt ist, was gefällt, so lange du und dein Partner sich dabei wohl fühlen. Das ist natürlich die ***wichtigste*** aller Regeln der gelebten Leidenschaft.

Die Vernünftigen halten bloß durch, die Leidenschaftlichen leben!

Sébastien Roch Chamfort, Hauslehrer, Sekretär, Schriftsteller, 06.04.1741-13.04.1794

Leidenschaft hat aber nicht nur sexuelle Aspekte, wenn du leidenschaftlich liebst, dann bringst du einfach alles in deiner Macht stehende in diese Beziehung mit ein.

Du bist mit Haut und Haar dabei, manchmal so sehr, dass es dir einfach unter die Haut geht. Es gibt Menschen, die sind sogar so leidenschaftlich, dass sich daraus eine Angst entwickelt, nämlich die

EIFERSUCHT

Die ***Eifersucht*** ist ***eine Leidenschaft***, die mit Eifer sucht,

04 APR	Ich verlange heute nichts von anderen, was ich nicht selbst zu tun bereit bin! Ich tue den ersten Schritt dazu und packe es nun endlich an.	05 APR	Gibt es etwas, was ich schon immer tun wollte aber dauernd aufschiebe, weil ich Angst vor den Folgen habe? Ich tue es jetzt, hier und heute!

was Leiden schafft. Dies sagt dazu der Volksmund und sicher ist, Eifersucht ist oft nur fehlende Selbstsicherheit und einfaches Besitzstreben.

Bist du eifersüchtig, dann hast du Angst, die Liebe deines Partners mit jemand anderem teilen zu müssen. Eifersüchtige versuchen dann etwas, was all zu oft schief geht, nämlich den Partner für immer an sich zu binden. Leider erreichen sie damit in der Regel jedoch oft das Gegenteil des Beabsichtigten.

An dieser Stelle greift eine einfache Regel, die du vielleicht in der umgekehrten Formulierung kennst, aber unbedingt so wie hier abgedruckt anwenden solltest:

Kontrolle ist gut,
Vertrauen ist besser!

Arthur Lassen, Erfolgstrainer, 10.5.1939-13.9.2000

Weißt du, wenn du deinem Partner wirklich nicht genug bist und er sich nicht traut, dir dieses zu sagen, dann wird

06 APR	Gleichgültig was ich bin oder war, ich kann heute genau der Mensch werden, der ich schon immer sein wollte! Ich habe heute 86.400 Chancen dazu!	07 APR	Liegt meine Zukunft bereits hinter mir? Schluss mit meinen negativen Gewohnheiten! Heute denke, fühle und handle ich positiver!

er dir die guten alten „***Hörner***“ aufsetzen, soviel ist sicher und deine Eifersucht wird ihn keinesfalls davon abhalten, eher im Gegenteil.

Nichts und niemand auf der Welt kann ihn daran hindern, es sei denn eine intakte Beziehung mit Leidenschaft, Glück und Vertrauen!

Immer wird das Vertrauen eines der größten und beglückendsten Geschenke menschlichen Zusammenlebens sein!

Dietrich Bonhoeffer, Theologe, 1906-1945

Das Vertrauen allerdings ist einer der Eckpfeiler in der Liebe. Mag sein, dass dein Vertrauen manches Mal enttäuscht wird, in letzter Konsequenz macht es aber absoluten Sinn Vertrauen zu haben und zwar uneingeschränktes Vertrauen, ein fester Sockel, auf dem du deine Beziehung aufbauen kannst.

08 APR	Große Taten führen zu einer positiven Geisteshaltung. Heute handele ich gelassener! Ich tue jetzt etwas für meinen Lebenserfolg!	09 APR	Ich achte darauf, dass meine eigene Einstellung ein gutes Beispiel meiner positiven Selbstanleitung ist. Heute beweise ich es mir wieder.

Wenn du in deiner Lebensgemeinschaft offen und ehrlich mit deinem Partner umgehst, dann wird eure Liebe am Vertrauen zueinander wachsen.

Habe Vertrauen, dass alles auf dieser Welt zu deinem Wohle geschieht. Vertraue auf eine höhere Macht. Vertraue dir selbst, deinem Partner und den anderen Menschen, mit denen du täglich zusammen bist.

Studiere die Menschen nicht, um sie zu überlisten und auszubeuten, sondern um das Gute in ihnen aufzuwecken und in Bewegung zu setzen!

Gottfried Keller, Autor, 1819-1890

Natürlich gehst du immer ein gewisses Risiko ein, wenn du jemandem vertraust! Hierbei handelt es sich jedoch um eines, das - aus meiner Sicht - absolut vertretbar ist! Sind es schlechte Erfahrungen, die du gemacht hast, z.B.

10 APR	Natürlich gibt eine richtige und eine falsche Art zu denken, zu sprechen und zu handeln. Aber ich kenne den Unterschied und das macht mich stark!	11 APR	Ich stelle nun keine unrealistischen Forderungen mehr an mich selbst. Ich muss nicht immer an der Spitze sein! Ich lebe nun viel entspannter.

dass die Menschen, denen du dein absolutes, uneingeschränktes Vertrauen geschenkt hast, dich ausgenutzt haben, dann akzeptiere diesen Umstand als gegeben. Irgendetwas hat sie dazu gebracht dein Vertrauen auszunutzen, aber das wird sicher niemand herausfinden und es macht auch absolut keinen Sinn, dies zu ergründen!

Habe Vertrauen zum Leben und es trägt dich zum Licht. Vertraue auf dein Glück und du ziehst es herbei!

Lucius Annaeus Seneca,
röm. Dichter u. Philosoph, 4 v. Chr.-65 n. Chr.

Baust du daraufhin immer währendes Misstrauen als deinen persönlichen Schutzschild auf, dann hindert dich dies daran, andere, wesentlich angenehmere Erfahrungen zu machen. Setze auf die höhere Kraft, die alles auf Erden lenkt und leitet und baue auf dich selbst. Dann wirst du das bekommen, was du dir wirklich wünschst.

12 APR	Ich bin, was ich denke! Durch positives Denken und Handeln kann ich aus alten Gewohnheiten ausbrechen! Deshalb tue ich es heute.	13 APR	Ich mache meinen Wert nicht von Äußerlichkeiten abhängig, sonst könnte ich den Kürzeren ziehen. Ich frage mich besser: „Was kann ich heute ändern?"

Vertraue stets darauf, dass selbst der Verlust eines geliebten Menschen und die daraus sich ergebende Trauer im Leben einen Sinn haben. Gehe mit dieser Trauer jedoch angemessen um. ***Lasse sie*** über einen begrenzten Zeitraum, dessen Länge du selbst bestimmen kannst, ***bewusst zu.*** Aber bewahre dich davor diese Trauer lebenslang auszudehnen, denn das wäre nicht im Sinne der Schöpfung und zerstört im schlimmsten Fall sogar dein Leben! Dabei sind das Leben und die Liebe nur aus einem ganz einfachen Grund entstanden und zwar, damit du das

GLÜCK

auf Erden findest und nicht im Universum suchen musst.

Wer sich über das Glück des anderen freut, dem blüht sein eigenes!

Karl Simrock, Universitätslehrer, Poet, Germanist und Erneuerer von Volkspoesie und ält. Nationalliteratur, 28.08.1802-18.07.1876

14 APR	PRO-BLEME sind meine Lehrer! Sie helfen mir zu wachsen! Ich gebe nicht den anderen die Schuld. Ich löse meine PRO-BLEME mit Freude selbst.	15 APR	Mein Umfeld ist nur der Spiegel meines Inneren. Ich erhalte genau das, was ich verursache. Also achte ich auf meine Gedanken.

Denn das ist die wahre Liebe, sich wegwerfen können für einen Augenblick, Jahre opfern können für das Lächeln eines geliebten Menschen, das ist Glück! Viele Menschen machen das Glück zur Bedingung. Aber das Glück findet sich nur dann ein, wenn du keine Bedingungen stellst! Erinnerst du dich noch an deine Jugend, da gab es einen wunderschönen Brauch. Fast jeder in deiner Klasse hatte

16 APR	Ich plane mutig meine Lebensziele und denke dabei auch an meine Lebensfreude. Ich gönne mir heute mal einen wunderschönen Tag.	17 APR	Durch mein stets positives Denken und Handeln lege ich heute den Grundstein für eine glückliche, lebenswerte Zukunft.

ein Poesiealbum und wenn du dies mal durchblätterst, dann sind da jede Menge ***coole Sprüche*** drin. Einen davon kennst du mit Sicherheit noch:

Willst du glücklich sein im Leben, trage bei zu anderer Glück, denn die Freude, die wir geben, kehrt ins eigne Herz zurück!

Johann Wolfgang von Goethe, größter dt. Dichter, Biologe, Jurist, Geologe, Geheimrat, Minister etc., 28.8.1749-22.3.1832

Ist es nicht faszinierend, dass dies zu Zeiten Goethes auch schon galt? Treffender kannst du diese Aufforderung wohl nicht formulieren. Kommt sie doch von einem, wenn nicht sogar dem größten Dichter und Denker im Reich der Schriftsteller. Er hatte unglaublich viele Berufe und sicher war das Wichtigste in seinem Leben, dass er selbst über das Denken nachgedacht hat. Mag sein, dass gerade dieser Umstand ihn zum Lebenskünstler machte.

18 APR	Ich lächle über die "Unebenheiten" in der Vergangenheit und der Gegenwart. Alles hat seinen wunderbaren Sinn. Daran glaube ich fest.	19 APR	Ich bin voller Lebensfreude und Schaffenskraft. Ich glaube an mich und meinen Erfolg und alles wird mir heute noch gelingen.

Geh hinaus und wage etwas Neues, sei ein Individuum und suche dir deinen eigenen Weg!

Lynn Hill, amerik. Autorin, *1961

Ich wünsche dir, dass du auch ein Lebenskünstler wirst, ein Mensch, so wie ich auch, der schon vollkommen glücklich ist, wenn er nicht vollkommen unglücklich ist! Eine gute Basis für Glück ist die bedingungslose Liebe zu allen Elementen, die uns Menschen umgeben. Unser wachbewusster Verstand kann uns zwar sagen, was wir unterlassen sollen, aber nur unser Herz kann uns sagen,

20 APR	Ich schaue freudig nach vorn. Alles was kommen wird, ist unsicher. Ich lebe wirklich den Augenblick. Carpe diem. Ich nutze den Tag.	21 APR	Alle meine Pläne und Ziele sind wirklichkeitsnah und erreichbar. Ich träume heute einmal wieder, das darf ich als Realist.

was wir tun müssen um wahres Glück zu empfinden!Fest steht: ***Liebe ist*** nicht irgendein, sondern das ***einzige Mittel*** auf Erden, um ***glücklich*** zu werden!

Vertraue einfach den Menschen, die dich umgeben und lasse sie an deinem Glück teilhaben. Habe den Mut zum Träumen und auch zur Trauer. Um so intensiver empfindest du die Augenblicke des Glücks und um so leichter machst du dir und deinem Gegenüber das Leben!

Die letzte Formel für die Liebe ist eine ganz einfache und sie gilt nicht nur für die Liebe, sondern auch für das ganze Leben. Es ist das oft angesprochene

GEBEN

Entscheide dich jetzt dafür, in deiner Beziehung alles zu geben, ***bedingungslos*** und ohne zu erwarten, dass etwas zurückkommt. Das Gute daran ist ganz einfach; hast du ***keine Erwartungshaltung***, dann kannst du auch nicht enttäuscht werden.

22 APR	Ich kann negative Gedanken nicht daran hindern, dass sie kommen, wohl aber daran, dass sie bei mir bleiben. Ich lasse einfach los...	23 APR	Begeisterung ist ansteckend. Heute mache ich mir einen besonderen Spaß daraus, ganz viele Menschen damit anzustecken.

Also, gib alles, was du geben kannst, mit dem Gottvertrauen, dass es zu dir zurückkommt. Was du gibst, das ist egal; dass du gibst, das ist wichtig! Also, gib dir einen Ruck - und dann mach es einfach:

Was immer du auf Erden verschenkst, es wird dich in den Himmel begleiten!

aus dem Koran

Schenke deinem Partner und jedem Menschen, den du liebst, ***einfach*** nur Aufmerksamkeit, zuhören können, einen Blumenstrauß zwischendurch – und bitte nicht nur zum Valentinstag, Muttertag oder Geburtstag – ein liebes Wort, Lob, Anerkennung, ein Frühstück ans Bett, Aufräumen ohne Aufforderung, einen Abend bei Kerzenschein und leiser Musik, Karten für ein Konzert, einen Spaziergang etc. Natürlich darfst du diese Liste selbst ergänzen und komplettieren, dabei sind deiner Phantasie keine Grenzen gesetzt...

24 APR Ich werfe niemals das Handtuch, wenn ich es noch gar nicht besitze!
Ich nutze eine Krise als Chance und kann heute nur gewinnen.

GEDANKEN ZUR LIEBE...

Heute hab ich es geschrieben:

25 APR Ich besitze in diesem Augenblick, so wie ich heute bin, mehr Fähigkeiten, als mir je bewusst waren! Jetzt mache ich auch endlich was daraus.

Meist sind es die kleinen Dinge im Leben, die dich und deinen Partner glücklich machen.

Und wenn ihr glücklich seid, dann seid ihr auch zufrieden. Und ***Zufriedenheit*** ist das wohl ***höchste Lebensgefühl***, Zufriedenheit ist die innere Ausgeglichenheit, die sich mit dem Abenteuer der Liebe in Einklang befindet!

Wer liebt und geliebt wird,
hat die Sonne
von beiden Seiten!

Phil Bosmans, Bestsellerautor, *01.7.1922

KAPITEL 3
DIE KRAFTQUELLEN

Die wahre Lebenskunst besteht darin, im Alltäglichen das Wunderbare zu sehen.

Pearl S. Buck, amerik. Schriftstellerin, 1892-1973

... sollte dir dies schon jetzt gelingen, so möchte ich dir dazu **herzlich gratulieren**! Du hast etwas herausgefunden, was leider viel zu wenige Menschen im Leben erkennen!

Solltest du diese Lebenskunst noch nicht für dich in Anspruch nehmen können, dann lohnt es sich für dich auf jeden Fall, dieses Kapitel zu lesen!

Was ist es, das dir täglich die Kraft zum Leben gibt?

Eine allgemein gültige Antwort auf diese Frage gibt es nicht, denn jeder Mensch ist einzigartig und nur du allein weißt, was für dich das Beste ist!

26 APR Ich bin der Maler meiner Gedanken. Also kann ich ein düsteres Bild des Todes oder einen herrlichen Sonnenaufgang malen; die Entscheidung liegt allein bei mir.

Jeder hat seine eigenen Wünsche und Vorstellungen von einem erfüllten Leben.

Du bist die wichtigste Person in deiner Welt, so wie ich in meiner!

Dr. mult. hc. Ruth C. Cohn, Psychoanalytikerin und Begründerin der Themenzentrierten Interaktion, *27.8.1912

Du holst dir deine Kraft aus Büchern, der andere aus Gesprächen, der Nächste aus der Musik und wieder ein anderer aus der Spiritualität oder der Sexualität.

Unhabhängig davon gilt als ***Basis*** für die Kraft, die deine Schritte lenkt, das ***Denken***. Du hast schon gehört, dass die Gedanken die Kraft haben dein Leben zu steuern und je positiver und eindeutiger deine Gedanken sind, desto angenehmer und erfolgreicher stellt sich auch dein Lebensweg dar.

Das positive Denken ist nämlich nicht einfach nur eine optimistische Lebensart, die alles im Leben immer nur

27 APR Das, was heute geschieht, ist nur zu meinem Besten. Ich erlebe es noch bewusster, fröhlicher und entspannter. Es lohnt sich für mich.

28 APR Ich blicke nicht auf meinen momentanen Mangel. Ich schaue heute auf meine glückliche Zukunft und mein erfolgreiches Leben.

von der besten Seite betrachtet. Schon gar nicht bist du als ***Positivdenker*** ein Mensch, der diese Welt durch die rosarote Brille sieht, ein Weltverbesserer, der stets mit geschlossenen Augen über die stark befahrene, sechsspurige Autobahn läuft. Frei nach dem Motto: Mir kann ja nichts passieren, ich denke ja positiv!

Positives Denken ist Stärke! Durch das positive Denken zapfst du ganz bewusst deine inneren Kraftquellen an. So

29 APR	Jedes PRO-BLEM trägt bereits den Samen seiner Lösung in sich. Ich schaue nur auf die Lösung! Das bringt mich heute richtig voran.	30 APR	Ich sage mir täglich die freundlichen, aufmunternden Worte, die ich auch meinen Freunden sagen würde. Ich beginne jetzt und sofort damit.

gelingt es dir gesünder, gelassener, erfolgreicher und lebensfroher zu leben und jederzeit aus deiner momentanen Situation das Beste herauszuholen. Nur das ist es!

Ein altes Sprichwort lautet:

Wo ein Wille ist,
ist auch ein Weg.

Verfasser unbekannt

Der feste Glaube an die Machbarkeit einer Sache, an die Durchführbarkeit einer Idee ist die Grundlage allen schöpferischen Denkens und Handelns.

Nur da, wo dieser starke Wille lebendig und offensichtlich ist, nur da ist auch der Weg in die wunderbare Zeit des ***Heute*** frei. Denn die beste Zeit war nicht und die beste Zeit kommt nicht, die beste Zeit ist jetzt, hier und heute.

Erst dann, wenn du etwas für möglich hältst, setzt deine positive Vorstellung von den Dingen eine Kettenreaktion

01 MAI	Ich nehme heute die Welt von meinen Schultern und bin sicher, dass sie nicht fällt! Meine Belastbarkeit ist viel größer, als ich gedacht habe.	02 MAI	Bevor ich mich auf den Weg mache, bringe ich Ordnung in meine Gedanken und mein Leben! Die beste Zeit dafür ist jetzt.

von Gedanken in Gang, die dir zeigen, dass du auf dem richtigen Weg bist.

Ich kann die Welt nicht verändern, aber einen einzelnen Menschen, mich selbst!

Karlheinz Böhm, Kinostar und Entwicklungshelfer aus Überzeugung, *16.3.1928

Wie wahr - wäre das nicht toll, wenn alle die Jammerer und Miesmacher, die das System, die Wirtschaft, die Politik, die schlechte Konjunktur, die Armut vieler, den Reichtum weniger, die Gewalt oder was auch immer für die Probleme auf dieser, unserer Erde verantwortlich machen, bei sich selbst mit der Verbesserung beginnen würden?

Du bist und wirst, was du denkst. Mit dieser Einstellung öffnen sich für dich die Türen zum Erfolg. Also lebe stets

03 MAI	Ich unterschätze niemals meinen eigenen Verstand und überschätze nie die Intelligenz anderer! Heute bin ich selbstbewusster.	04 MAI	Angst und Zweifel hemmen mich! Alle Maßnahmen zur Erreichung meiner Ziele werde ich heute voller Optimismus ergreifen!

mit Begeisterung und Lebensfreude. Habe den Mut zur Gelassenheit, setze deine zielstrebige Beharrlichkeit ein und du wirst ganz sicher deinen eigenen Erfolgsweg gehen. Dafür brauchst du deine ganze Kraft und Zuversicht.

Das Schicksal mischt die Karten und wir spielen!

Arthur Schopenhauer, Naturwissenschaftler, Philosoph, Privatgelehrter, 22.02.1788-21.09.1860

Schicksal, was ist das denn überhaupt, ***Schicksal***?

Sicher kennst du diesen ohnmächtigen Satz, den ***die Menschen*** immer dann gebrauchen, wenn sie etwas Negatives erlebt haben oder sie solches in naher oder ferner Zukunft befürchten. Der Satz klingt nach großer Hilflosigkeit, purer Ausweglosigkeit, ja Selbstaufgabe und wird meist noch durch Körpersprache aufbereitet, also mit Achselzucken, einem tiefen Stoßseufzer und leidendem Dackelblick kombiniert – er heißt:

05 MAI	Ich werde jeden Tag immuner gegen den Bazillus Ärger. Ich lächele und lade mich nur mit klaren, positiven Zukunftsbildern auf.	06 MAI	Ich bin zu keiner Zeit verpflichtet, etwas zu tun, was ich nicht wirklich tun möchte! Heute übe ich mich auch im Neinsagen.

„Ja, das ist nun mal mein Schicksal!“

Aber ist denn Schicksal wirklich etwas Negatives? Also, die Definition für Schicksal im Duden lautet:

SCHICKSAL IST DIE GESAMTHEIT ALL DESSEN, WAS UNS IM LEBEN WIDERFÄHRT, DIE FÜGUNG.

Aber hallo, dann ist also Schicksal nichts Negatives, sondern einfach nur eine Dokumentation dessen, was in deinem Leben so passiert.

Handeln. Dem Schicksal eine Richtung geben!

Werner Mitsch, Deutscher Aphoristiker, *23.3.1936

Na also, es heißt eine und nicht die Richtung; das bedeutet, dass die Richtung nicht festgelegt ist, du kannst sie durch dein Denken und Handeln bestimmen. Sei stets dankbar für das, was du besitzt und nicht traurig oder

07 MAI Ich feiere heute einmal meine Erfolge mit Freude und Begeisterung! Ich werde dafür mit Wohlbefinden und Gelassenheit belohnt.

08 MAI Was ich heute auch immer tue, ich tue es ganz! Die Menschen um mich herum werden begeistert sein! Das baut mich auf.

sogar ärgerlich über das, was du nicht (noch nicht) hast. Denke so oft es nur möglich ist an alle die Menschen, die dir wirklich etwas bedeuten. Schließe sie stets in deine Gebete mit ein. Gib ihnen deine ganze Liebe und lass sie an deiner Freude teilhaben. Es liegt ganz alleine in deiner Macht, den positiven Weg zu wählen.

Der eine wartet,
dass die Zeit sich wandelt,
der andere packt sie
kräftig an und handelt!

Dante Alighieri, ital. Dichter, 1265-1321

Du gehörst natürlich zu der zweiten Gruppe dieser Menschen, wenn du das wirklich willst! Willst du? Ok, dann mache es dir zur Angewohnheit, den Tag mit einem

09 MAI	Will ich Tanzen lernen oder Klavier spielen - was hält mich davon ab, heute damit endlich auch zu beginnen? Also fange ich an...	10 MAI	Mein neuer Lebensstil heißt: „Erfolg durch Freude und Gelassenheit". Ich erwarte heute nur das Beste, dann erreiche ich es auch!

einem Lächeln zu beginnen. Wenn keiner da ist, den du anlächeln kannst, dann benutze dein Spiegelbild. Lerne heute wieder Neues kennen und lerne wieder etwas Nützliches hinzu. Nimm dir eine Auszeit, so oft und so lange du sie brauchst. Staune über die kleinen Wunder des Alltags und wage deinen Traum.

Ich glaube nicht nur an Wunder, ich bin davon überzeugt!

Koschi der Mutmacher, *19.06.1962

Die Wunder des Lebens begegnen dir tagtäglich in vielfältiger Form, du musst sie nur noch erkennen und zu deinem Wohle nutzen. Sie sind dein stärkster Antrieb und für dich äußerst wichtig. Diese gewaltige Kraft in dir, die du zur Erfüllung deiner ***großen Aufgaben*** benötigst, entspringt den kleineren Dingen des Alltags.

11 MAI	Ich muss nicht perfekt sein! Ist mir heute etwas schiefgegangen? Dann lasse ich mich nicht entmutigen. Ich mache ganz sicher weiter so!	12 MAI	Der Sieger sieht Niederlagen und Probleme als Chance und Herausforderung. Ich beginne heute selbst das Scheitern zu lieben.

Manchmal sind es „nur" ein Lächeln, manchmal eine winzige Geste und manchmal eine kleine Gefälligkeit, die am Ende eine große Wirkung zeigen. Sei beharrlich in deiner Aufgabe ***Gutes zu tun***. Ach übrigens...

TUN

Wieder so eine geniale Abkürzung, kennst du sie schon? Das Beste an ihr ist die Tatsache, dass du sie vorwärts und rückwärts lesen kannst und beide Versionen einen Antrieb zum Handeln darstellen:

Tag Und Nacht

oder

Nicht Unnötig Trödeln

Tun, nicht reden, ist die Philosophie der wirklich ***großen*** und erfolgreichen ***Menschen*** auf unserem Planeten.

Nur dann, wenn du bereit bist, dein Denken, Fühlen und Tun in die positive Richtung zu lenken, nur dann beginnt

13 MAI Ich frage mich, ob es eine Tür gibt, vor der ich Angst habe? Wenn ja, dann stoße ich sie heute weit auf und trete für meine gute Sache ruhiger, offener, mutiger ein.

die wunderbare Verwandlung in deinem Innern, die den ganzheitlichen Lebenserfolg einfach nach sich zieht.

DAS GEHEIMNIS

Ganz nebenbei tankst du wertvolle Kräfte für den Alltag. Und das Geniale daran ist, es geschieht unbewusst.

In dir stecken ganz enorme Kraftquellen. Die einzige Aufgabe, die du wirklich noch hast, ist; du musst lernen, sie zum Sprudeln zu bringen. Ganz bewusst Nachschub für deine inneren Kräfte aufzubauen, das ist die Idee und auch das Geheimnis des positiven Denkens.

Was der Schlaf für den Körper, ist die Freude für den Geist: Zufuhr neuer Lebenskraft!

Rudolf von Ihering, dt. Jurist, Prof. an div. Universitäten, Wegbereiter der Interessenjurisprudenz, 22.08.1818-17.09.1892

Drei starke Kraftquellen bestimmen, leiten und lenken dein Leben.

14 MAI

Wenn ich mich nach einer neuen Arbeit sehne, dann begeistere ich mich heute wieder für meine jetzige, dann habe ich schon eine "neue" gefunden.

15 MAI	Ich habe heute ein gutes Programm, um sinnloses Grübeln auszumerzen und um nun meine innere Spannung zu überwinden.	16 MAI	Durch die positive Erfahrung gemeisterter Schwierigkeiten pflege ich die Freude. Ich trainiere heute wieder einmal Lachen und Frohsein!

Dies tun sie von Anfang an und das ohne dabei jemals eine Pause zu machen. Das gibt dir die Gewissheit, dass sie ständig für dich verfügbar sind. Also nutze sie:

KRAFTQUELLE 1 – DER GLAUBE

Dieser Glaube ist immanent und transzendent, das bedeutet innerhalb und außerhalb von dir. Er kennt keine festen Zeiten und keinen Raum, er ist sinnlich, manchmal übersinnlich, ja fast mystisch. Es gibt ihn in vielen Glaubensrichtungen auf der ganzen Welt. Welcher dieser Religionen du angehören möchtest, das solltest du in deinem Innersten ganz für dich allein entscheiden bzw. hast du schon entschieden.

Zu glauben ist schwer.
Nichts zu glauben
ist unmöglich.

Victor Hugo, franz. Dichter, 1802-1885

Egal welcher Glaubensrichtung du angehörst, wichtig ist

17 MAI — Ich bin stets bemüht, alle negativen Gedanken und Gefühle von mir fernzuhalten. Das Glücklichsein ist erstrebenswert. Ich übe es täglich.

18 MAI — Ich schenke heute nur den PRO-BLEMEN meine ganze Aufmerksamkeit, gegen die ich auch sofort etwas unternehmen kann.

für dich, dass du dich niemals aufgibst und/oder in etwas verrennst. Glaube an dich, deine eigenen Talente, deine guten und weniger guten Eigenschaften und Möglichkeiten.

Erkenne dich selbst an, wie du bist, das hast du dir verdient. Glaube an das Gute im Leben und an ein Dasein in Glück und Erfüllung, auch wenn du vielleicht andere Erfahrungen gemacht hast. Gerade dann ist es wichtig einen festen Glauben zu haben.

Wer sich verschließen gelernt hat, dem tut es doppelt wohl, wenn er sich aufschließen kann!

Ernst von Feuchtersleben, österr. Popularphilosoph, Arzt und Lyriker, 29.04.1806-03.09.1849

Dein Glaube kann Berge versetzen, deshalb glaube an die Kraft deiner positiven Gedanken, glaube an eine höhere Macht. Bist du Christ, so nenne sie Gott, gehörst du einer

19 MAI	Ich akzeptiere keine der Beschränkungen, die andere mir auferlegen wollen. Ich habe Mut zu großen Ideen, und führe sie durch.	20 MAI	Ich kann mein Leben verändern, indem ich meine Geisteshaltung ändere! Heute ist ein guter Tag dafür! Ich zeige es!

anderen Glaubensrichtung an, so nenne sie bei dem Namen, der ihr gebührt. Du kannst sie aber auch Schöpfer Natur, höheres Ich oder Sein nennen, ganz wie es dir beliebt.

Wichtig ist nur, dass du an etwas Großes glaubst, an eine Kraft, in die du dich jederzeit hineinfallen lassen kannst, die dich auffängt, wenn du es am allernötigsten hast; eine Kraft, die dir die Chance gibt, Zeiten tiefster Trauer und größter Verzweiflung zu überstehen.

Bereit sein ist viel, warten können ist mehr, doch den rechten Augenblick nutzen ist alles!

Arthur Schnitzler, Schriftsteller, 1862-1931

Für viele Menschen ist es auch eine Kraft, die ihre stille Hoffnung nährt, eines Tages wieder dahin zurückzukehren, woher sie „alle“ kommen. Wir Menschen bezeichnen

21 MAI	Heute werfe ich den schweren Sack mit meinem Gestern endlich ab! Ich trete ab sofort sicherer und selbstbewusster auf.	22 MAI	Die Gedanken und Gefühle, die ich aussende, kommen zu mir zurück! Ich achte stets darauf, dass ich mich an die „goldene Regel" halte.

es einfach als ***Paradies***, ein Ort, der uns die absolute Erfüllung bringt. Aber warum solltest du warten, bis du stirbst, bzw. deine Bewusstseinsebene wechselst, um dann das Leben wirklich genießen zu können?!

Bescheidenheit ist eine Eigenschaft, für die der Mensch bewundert wird, falls die Leute je von ihm hören sollten!

Edgar Watson Howe, Autor, 1853-1937

Der beste Augenblick um damit zu beginnen, ***paradiesisch zu leben***, ist der jetzige Moment. In dieser Sekunde hast du auch jetzt hier auf Erden alles in dir um dir dein eigenes ***Paradies*** zu schaffen.

Mag sein, dass es vielleicht etwas kantiger und eckiger werden wird als das, welches du dir „im Himmel" vorstellst?! Auch möglich, dass du dich einfach nur nicht aus

23 MAI	Heute leiste ich, bei allem was ich tue, nur Hervorragendes! Meine Fähigkeit zur Konzentration hilft mir dabei, das nutze ich.	24 MAI	Heute ist ein guter Tag für einen Neubeginn. Ich begeistere mich für eine lohnende Sache und tue alles, um sie erfolgreich zu machen!

der Masse der Gleichdenker abheben willst, um nicht aufzufallen. Warte nicht länger, es macht auf jeden Fall **Sinn** dein Leben im Leben ***zu leben***! Dein starker Glaube verleiht dir ungeahnte Kräfte, er ist die Quelle des unendlichen Vertrauens.

KRAFTQUELLE 2 – DER VERSTAND

Freue Dich, denn dein Wissen wächst von Tag zu Tag.

Es ist gleichgültig, auf wie vielen Gebieten du schwach bist. Es genügt, wenn du vollkommen stark auf einem bist!

Paul La Cour, Meteorologe, 13.04.1846-24.04.1908

Sei überzeugt, dass Du alles im Leben erlernen kannst, wenn du es wirklich willst und es wird einfach geschehen.

25 MAI	Die wahre Lebenskunst ist, im Alltäglichen das Wunderbare zu sehen. Ich übe mich einmal wieder darin und werde reichlich belohnt!	26 MAI	Ich entwickle heute ein aktives Vertrauen und erwecke alle schlummernden Kräfte in mir zum Leben. Ich schaffe es, soviel ist sicher.

Sicher ist dir, wie vielen glücklichen und erfolgreichen Menschen, das positive Denken und Handeln längst zur liebevollen, täglichen Gewohnheit geworden. Dann fällt es dir leicht, anderen dabei zu helfen, dieses selber zu tun.

Glaubst du, nicht intelligent genug zu sein? Sei ganz beruhigt, denn wir wissen schon lange; jeder einzelne Mensch hat im Verhältnis zur Gesamtintelligenz nur ein ganz geringes Wissen. Ein absolut genialer Kopf der Vergangenheit hat es einmal so ausgedrückt:

Was wir wissen, ist ein Tropfen; was wir nicht wissen, ist ein Ozean!

Isaac Newton, engl. Physiker, Astronom und Mathematiker, Entdecker des Gravitationsgesetzes, 04.01.1643 – 31.03.1727

Du hast ein enormes Wissen, auch wenn du manchmal glaubst, etwas nicht perfekt genug zu können, um es anderen weiterzugeben. Tu es einfach und du wirst

27 MAI	Heute lerne ich ein für allemal, negative Gedanken aus meinem Kopf zu verbannen. Heute schaffe endlich Ordnung in meinem Leben.	28 MAI	Ich bin begeisterungsfähig und stecke die anderen mit meiner guten Laune an! Ich weiß, auch gute Laune ist reine Gewohnheitssache.

feststellen, dass du mit deiner Aufgabe wächst. Du erkennst leicht die Dimensionen, in denen wir uns hier bewegen, mit deinem ***Verstand*** könntest du 10 x 10.000 Jahre hier auf dieser Erde verbringen und er wäre noch ***nicht ausgeschöpft***!

Das wertvollste im Leben ist die Entfaltung der Persönlichkeit und ihrer schöpferischen Kräfte!

Albert Einstein, dt.-amerik. Wissenschaftler, 1879-1955

Dein wachbewusster Verstand ist eine unendlich starke ***Kraftquelle,*** die deine Vernunft und deine Logik steuert.

Wir Menschen haben mit Abstand die höchste Intelligenz unter allen Lebewesen auf dieser Erde. Denke nur einmal an Dinge wie die erste bemannte Mondlandung am 20.07.1969. Heute schicken wir Satelliten auf die Reise, die sieben Jahre lang durch das All fliegen um dann die Ringe des Saturn zu erforschen und das Genialste, sie

29 MAI	Mein Selbstwertgefühl verstärkt die Kraft meiner Hoffnung, spornt meinen spontanen Unternehmungsgeist an und gibt mir unendlich viel Mut.	30 MAI	Probleme bedeuten für mich keine Katastrophe, denn ich weiß, wie ich damit fertig werden kann! Ich beweise es mir heute.

kommen auch noch dort an! Millionen Kilometer von der Erde entfernt. Das sind wahre Zeugnisse unseres gewaltigen Wissens. Und doch reicht unsere menschliche Phantasie auch nicht im Entferntesten aus um diese Welt in ihrer eigenen Schönheit und das gewaltige Universum in seiner wahren Größe zu erfassen.

Dein Leben ist dazu da, um etwas zu schaffen. Also gehe einfach davon aus, dass das, was du erreicht hast, kannst oder weißt, so viel wert ist, dass du andere davon profitieren lassen solltest!

Gehe in deiner Arbeit auf, nicht unter!

Jacques Tati, franz. Schauspieler, Oskarpreisträger, 09.10.1907-05.11.1982

Du wirst feststellen, wie diese wunderbare Methode dich viel schneller mit deinem enormen Leistungsvermögen verbindet. Vielleicht weißt du bereits jetzt genau, was du in deinem Leben alles nicht möchtest. Versuche aber

31 MAI	Es sind nicht meine Lebensumstände, sondern allein ich selbst habe es in der Hand, positiv, glücklich und zufrieden zu sein!	01 JUNI	Ich verspreche mir selbst, stark zu sein. Heute kann deshalb nichts und niemand meinen wunderbaren Seelenfrieden stören.

auch zu ergründen, was du in deinem Leben wirklich erreichen willst. Gelingt dir dies nicht auf Anhieb, dann verdopple doch deine Tatkraft. Dein Unterbewusstsein braucht Zeit, damit die neuen Kräfte in dir wachsen können. Dein Lohn wird gesteigerte Lebensfreude sein.

02 JUN	Ich verschreibe mir heute ein hervorragendes Mittel gegen schlechte Laune: Spontane geistige und körperliche Aktivität!	03 JUN	Ich meide heute negative Gespräche! Ich schaffe mir dadurch einen erfolgreichen Tag und auch eine erholsame Nacht!

KRAFTQUELLE 3 - UNTERBEWUSSTSEIN

Kommen wir nun zur dritten und letzten deiner inneren Kraftquellen, dem gewaltigen Unterbewusstsein. Unbewusste Kräfte bewusst in dir zu wecken, um dem Alltag, dem Ärger und dem Disstress die Stirn zu bieten, das ermöglicht dir die Kraft deines Unterbewusstseins. Dein Unterbewusstsein übernimmt ab der Geburt all deine Lebensfunktionen, speichert stets Daten und Denkmuster.

Neugier und Phantasie sind wichtiger als Wissen!

Albert Einstein, dt.-amerik. Wissenschaftler, 1879-1955

Fakt ist, dass dein Unterbewusstsein sich den Suggestionen durch Worte, die es aufnimmt, nur sehr schwer öffnen kann. Diese müssen erst einmal den wachbewussten

04 JUN	Ich strahle den ganzen Tag Begeisterung aus! Am Abend wird mein Konto der Freude so angefüllt sein, dass es überströmt!	05 JUN	Ich lade mich stets mit positiven Gedanken auf und so bleibt auch nur Platz für positive Vorstellungen. Alles gelingt mir hervorragend.

Verstand durchlaufen. Dieser ist durch die Sinne – sehen, hören, riechen, tasten und schmecken – begrenzt, welche sehr oft ihre Bedenken anmelden. Dahingegen dringt die Visualisierung, also das bildhafte Denken, viel direkter in dein Unterbewusstsein ein und bringt dir dadurch auch rascher den angestrebten Erfolg, der dich ganz einfach beflügelt.

Dein Unterbewusstsein verfügt über alle wichtigen Details deines Lebens. Es kommuniziert auf allen Ebenen mit allen Menschen und Gegebenheiten in deinem Umfeld.

Beachte jedoch, das Unterbewusstsein ist absolut neutral. Es prüft also die einfließenden Informationen und Befehle nicht auf ihre Auswirkungen, egal ob sie gut oder schlecht für dich sind! Also, auch hier gilt wieder einmal:

ACHTE AUF DEINE GEDANKEN!

Dein Unterbewusstsein braucht auf jeden Fall die starke Kontrolle deines wachbewussten Verstandes. Denn sonst

06 JUN	Endlich höre ich damit auf, meine geistige Lebenskraft durch dauerndes Grübeln und Murren zu verschwenden! Ab sofort lebe ich begeistert!
07 JUN	Jetzt tue ich das, was ich schon immer tun wollte, auch wenn ich noch nicht „perfekt" genug bin. Es wird mir gelingen, denn ich habe Mut.

könnte es dir passieren, dass du an Misserfolg denkst, wenn du doch in Wirklichkeit Erfolg willst.

Ein weiterer wichtiger Punkt ist dein starker Glaube an deine inneren Kräfte. Gehe stets davon aus, dass das, was du aussendest, immer wieder zu dir zurückkommt! Also sende Lächeln und Liebe aus und sie kommen zu dir zurück.

Wenn du einen Riesen siehst, der mit dir kämpfen will, dann sei ohne Furcht. Untersuche zuerst den Stand der Sonne, vielleicht wird dann der Riese zum Schatten eines Zwerges.

Chinesische Weisheit

Sollte irgendwann einmal in deinem Leben etwas danebengehen, dann ***prüfe*** in dieser Situation als erstes, was sich ***Positives*** dahinter verbirgt! Mit etwas Übung erkennst du sehr schnell, dass dadurch viel Gutes in deinem

08 JUN	Ich zerbreche mir nicht den Kopf über das Gestern, denn ich bin sicher, dass ich nicht eine einzige Sekunde meiner Vergangenheit ändern kann.	09 JUN	Ich höre stets auf meine innere Stimme und nicht auf andere. Ich bin der wichtigste Mensch in meiner, wie du in deiner Welt.

Leben sichtbar wird. Das Tolle; automatisch wird auch der Mangel immer geringer. Natürlich passiert auch Negatives auf dieser Welt, doch deine Stärke liegt darin, dich dem Negativen ***nicht*** zu unterwerfen und deine *PRO-BLEME* ganz einfach in ***Glück*** zu verwandeln.

Kann sich irgendwer erinnern dass die Zeiten einmal nicht hart waren und das Geld nicht knapp?

Ralph Waldo Emerson, amerik. Philosoph und Dichter, 1803-1882

Natürlich war das immer so, doch gab es zu jeder Zeit Menschen, die eine Krise als ihre Chance erkannten und sie mit Bravour meisterten! Erzeuge stets positive Gedanken und denke in klaren Bildern. Willst du anderen Menschen etwas vermitteln, so bediene dich stets der bildhaften Sprache, gespickt mit guten, einfachen Beispielen! Glaube fest daran, und das erwünschte Ergebnis folgt.

Mag sein, dass du bisher Dinge ***aufgeschoben*** hast, die

10 JUN	Ich bin sicher, dass meine Sorgen und Ängste völlig unbegründet sind und nicht so eintreffen werden. Deshalb lebe ich heute einmal fröhlicher.	11 JUN	Ich kam nicht als positiv oder negativ denkender Mensch auf die Welt. Diese Einstellung erlernte ich erst nach und nach. Jetzt profitiere ich davon!

mit einer unerfreulichen Entscheidung zusammenhingen. Falls so eine Aufgabe mal wieder vor dir liegt, dann erledige sie so schnell wie möglich. Oft erscheint sie nur schlimmer, als sie in Wirklichkeit ist, wartest du jedoch mit der Erledigung zu lange, wird sie mit Sicherheit zur Katastrophe.

Betrachte die Dinge von einer anderen Seite, als du sie bisher sahst, denn das heißt ein neues Leben beginnen!

Marc Aurel, Kaiser und Philosoph, 121-180 n. Chr.

Wusstest du, dass dein Unterbewusstsein der Teil von dir ist, der 24 Stunden am Tag wach ist? Dein Körper würde aufhören zu funktionieren, sobald es seine Tätigkeit einmal einstellen würde.

Es übernimmt alle Abläufe in deinem Körper, die du selbst niemals übernehmen kannst. Es lässt dein Herz kraftvoll schlagen, deine Lungen atmen – *wäre gar nicht*

12 JUN	Ich passe mich meiner Umgebung täglich neu an und nehme die Menschen heute so, wie sie sind. Jeder Mensch ist ein Individuum.	13 JUN	Ich bin für mein erfolgreiches Leben selbst verantwortlich. Ich setze meine Träume und Wünsche heute sofort in die Tat um.

so einfach, 15- bis 20-tausendmal am Tag daran zu denken ein- und auszuatmen, oder? Es sorgt dafür, dass der Körper die Nahrung aufnimmt und verarbeitet, dass deine Haare und Nägel wachsen und vor allem, dass dein gesamter Kreislauf funktioniert.

Alle diese Funktionen übernimmt dein Unterbewusstsein für dich, damit du dich auf die ***wirklich wichtigen Dinge*** im Leben konzentrieren kannst.

Der Nachteil der Intelligenz besteht darin, dass du ununterbrochen gezwungen bist, dazuzulernen!

nach George Bernhard Shaw, irischer Schriftsteller und Bühnenautor, 1856-1950

Ok, das ist nun mal deine Aufgabe, aber das kann ja auch ´ne Menge Spaß machen. Und schließlich bringt es dich ja deinen Zielen auch immer näher. In dieser Zeit speichert dein Unterbewusstsein alles, was du erlebst; stelle es

14 JUN	Ich bin erfüllt mit der Vorstellung meiner Gesundheit und ich lebe gesund. Morgens eiskalt duschen, das bringt mir Spaß.	15 JUN	Durch meine Gedanken erzeuge ich geistige Bilder, die sich verwirklichen. Ich achte gut darauf, dass sie heute noch angenehmer sind als sonst.

dir vor wie ein unendliches Speichermedium. Dabei hat dein Unterbewusstsein nur sehr wenig Verstand, es kümmert sich eben nur darum, alle Bilder und Ziele, die du vorgibst, zu verwirklichen. Aber Achtung! - sowohl die positiven als auch die negativen und das völlig ohne Prüfung!

Am Ziele deiner Wünsche wirst du jedenfalls eines vermissen; dein Wandern zum Ziel!

Marie von Ebner-Eschenbach, Schriftstellerin, 1830-1916

Es ist schön, ein Ziel erreicht zu haben, doch es ist noch viel schöner, Ziele vor sich zu haben.

NUTZE DEINE KRAFTQUELLEN FÜR DEINE WEITERENTWICKLUNG

Du kennst jetzt die Kraftquellen, die dir zur Verfügung stehen, nun musst du sie nur noch zielgerichtet einsetzen! Soll dein Lebensziel die Freude sein, dann beginne schon

16 JUN	Gesundheit ist mein größter Reichtum. Ich pflege und bewege meinen Körper täglich und achte heute wieder einmal auf meine Essgewohnheiten.	17 JUN	Mein Lebensglück besteht darin, es mir zur Gewohnheit zu machen, meinen Tag mit mehr Frohsinn und Freude zu beginnen.

morgens mit einem Lächeln und sage Danke, so oft es dir möglich ist, Danke und immer wieder Danke!

Jetzt denkst du vielleicht: Er schon wieder mit seinem ewigen ***Danke sagen***. Ganz ehrlich, deine Ziele erreichst

18 JUN	Ich handle dort, wo andere noch reden. Ich habe den Schlüssel zum Erfolg und erkenne heute nur meine neuen Ideen und Ziele.	19 JUN	Erfolg und Misserfolg gehören zu meinem Leben. Doch verliere ich niemals den Mut. Wenn ich mich aufgebe, bin ich verloren.

du im Leben viel besser, schneller und einfacher, wenn du dir ein gutes Team dafür gesucht oder aufgebaut hast. (zur Definition des Wortes Team kommen wir im **KAPITEL 6 - ERFOLG**)

Das kleinste Team, was wir kennen, ist deine Familie und deine Partnerschaft, dann kommt deine Firma, dein Sportverein, dein Tanzclub, dein Golfclub etc. Alle diese Teams tragen zu deinem Erfolg ganz erheblich bei und deshalb lohnt es sich immer wieder, dich bei all deinen Lebensbegleitern zu bedanken. Sie danken es dir ihrerseits mit Loyalität und Freundschaft.

Danke soll der erste Gedanke am Morgen und der letzte Gedanke vor dem Einschlafen sein. ***Danke*** ist ein kleines Zauberwort, das nie seine Wirkung verfehlt und das dir eine ständige Verbindung nach ***oben***, zu deinen Idealen, sichert. Aus ganzem Herzen ***Danke*** sagen zu können gibt dir ein Gefühl von Stärke und Gelassenheit und wer gelassen ist, der kann viel besser loslassen!

20 JUN	Meine geistige Aufnahmefähigkeit steigert sich von Tag zu Tag, da ich zielbewusst lebe. Das steigert auch meine Freude.

So wie meine Freundin, die Dichterin Thea Pluquett:

Loslassen... 13.05.00 / 20.10.00

Und auch **los - ge - lassen**

Für Deinen eigenen Raum an Freiheit -
den Du dem Anderen gibst...

Ein Gleichnis ... wir lassen los!

Loslassen und Du wirst gelassen...
...für Deinen eigenen Weg

Las los Dein Kind ... für seinen Weg

Las los Deinen Partner ... für einen gemeinsamen Weg
ohne Zwang - sich fallenlassen...

...und wir werden ruhig wie gelassen...!

Willst du dich nicht auch darauf einlassen ? !

Thea PLUQUETT

KAPITEL 4
DIE GESUNDHEIT

Ich habe den Verdacht, dass die schlimmsten Leiden vom schlechten Denken kommen!

Alain

Es ist viel mehr als ein Verdacht, es ist die bittere Wahrheit! Wissenschaftliche Langzeitstudien haben bewiesen:

90 % ALLER KRANKHEITEN ENTSTEHEN IM KOPF

Erschreckt dich das? Braucht es nicht, freue dich darüber, denn dann hast du wieder einmal die Möglichkeit mit deinem Denken deinen Gesundheitszustand bewusst zu steuern. Und das ist gut so, wenn du es selber tust, dann brauchen es nicht die Medien und die Pharma-Konzerne für dich zu übernehmen!

Das positive Denken senkt nachweislich das Risiko von schweren Krankheiten und ist auch dann, falls es dich schon erwischt haben sollte, stets in der Lage, dich im

21 JUN	Ich entdecke an allem, was mir widerfährt, nur das Positive. Heute übe ich mich darin, alle Dinge noch optimistischer zu sehen.	22 JUN	Ich plane heute mutig meinen Erfolg und stelle mir ein glückliches Endergebnis vor! Heute ist der richtige Zeitpunkt für mich.

Heilungsprozess zu unterstützen. Denke positiv und lebe lange vital und gesund:

Ein gesunder Geist in einem gesunden Körper – das ist eine dumme Redensart; ein gesunder Körper ist das Produkt eines gesunden Geistes!

George Bernard Shaw,
irischer Schriftsteller und Bühnenautor, 1856-1950

Gesundheit ist nicht die Abwesenheit von Krankheit, sondern ***ein Lebensgefühl***! Das bestätigte mir im Jahre 2001 eine Ärztin auf Gran Canaria, kurz vor unserem Ausflug nach Afrika. Sie sagte sinngemäß: „Wissen Sie, ich finde das so toll, dass Sie das immer wieder sagen, mit diesem: ***90% der Krankheiten entstehen nur im Kopf!*** Zu meiner aktiven Zeit, ich bin jetzt 84 Jahre jung, habe ich meinen Patienten auch immer gesagt: „Denkt positiv und

23 JUN	Der Mensch ist auf Erden, um ein erfülltes, glückliches, herrliches Leben zu führen. Daran denke ich und handle auch danach!	24 JUN	Ich ergründe einmal die Herkunft meiner negativen Gedanken und Selbstzweifel. Heute versuche ich wieder mehr loszulassen.

ihr habt nicht so viele Krankheiten.“ Du hättest diese Frau mit ihren 84 Lenzen erleben sollen! Sie war energiegeladen und voller Tatendrang. So düsten wir „mal eben“ per Flugzeug nach Afrika, donnerten mit dem Jeep durch die Sahara und tanzten im Beduinenzelt. Im Schlepptau hatte sie ihren Mann, „erst“ 80 Jahre alt, der etwas Mühe hatte mitzuhalten; das war ein beeindruckendes Erlebnis für mich. Als ich sie nach dem Geheimnis fragte, wie sie in dem verhältnismäßig ***hohen Alter*** noch so gut drauf sein kann, sagte sie: „Mal ehrlich Koschi, das kommt alles nur von meiner absolut positiven Lebenseinstellung; und ein paar Privatpatienten hab ich natürlich auch noch, ***Sie wissen schon***, da macht das Leben wirklich Spaß!“

Gesundheit ist die ***absolute Harmonie*** zwischen dem Körper, dem Geist und der Seele und erst dann wirklich gut, wenn du auch die finanzielle Gesundheit mit einbeziehst, also eben auch dein Kontostand stimmt! Beachtest du die nachfolgenden Thesen, dann wird die Gesundheit mehr Raum in deinem Denken einnehmen als Krankheit.

25 JUN Ich bin mir der enormen Tragweite meiner Gedanken und der großen Rolle, die sie in meinem eigenen Leben spielen bewusst.

26 JUN Vertrauende, optimistische Gedanken können jede Schwierigkeit verringern und überwinden. Die Sonne lacht mir heute!

GESUNDHEIT
HAT 8 WICHTIGE PUNKTE

1. UNENDLICHE DANKBARKEIT

Sei dankbar für alles, was dich umgibt und dir widerfährt. Nichts ist auf dieser Welt wirklich da um dir zu schaden.

Weise ist der Mensch, der nicht den Dingen nachtrauert, die er nicht besitzt, sondern sich der Dinge erfreut, die er hat!

Epiktet, griech. Philosoph, 50-ca.138 n. Chr.

Ein „Ding“ davon ist Gesundheit, sofern du willst, dass dein Körper gesund ist, dann sei dankbar. Schau dir doch

27 JUN	Ich gehe hin und suche mir jemanden, der meine Hilfe benötigt, und gewähre sie dann großzügig. Das lohnt sich für mich.
28 JUN	Nur ich entscheide, wofür ich meine Zeit und Energie einsetzen will! Ich bin der geniale Lenker meiner eigenen Gedanken!

einfach mal die Zellen in deinem Körper an, diese werden vom Gehirn gesteuert und immer wieder neu gebildet. Das bedeutet, von heute ab bist du praktisch in einem Jahr ein völlig neuer Mensch mit lauter frischen Zellen und dann beginnt das Spiel von vorn.

Natürlich verringert sich dieser Vorgang im Laufe der Jahre, sonst würden wir ja nicht reifen! Da dein Geist diesen Vorgang steuert, liegt es also auch in deiner Hand durch die Kraft und Qualität deiner Denkprogramme eine stabile Gesundheit herbeizuführen oder in Siechtum zu verfallen.

Der Körper ist der Übersetzer der Seele ins Sichtbare!

Christian Morgenstern, dt. Dichter und Übersetzer, 1871-1914

Zwei Menschen begrüßen sich: „***Hallo, wie geht´s?***“ und darauf der andere: „***Es muss ja***“ oder aber „***Weißt ja, schlechten Menschen geht´s immer gut***“ oder „***Gestern***

ging´s noch". Spätestens im nächsten Satz tischen sich die Beiden aber ihre neuesten Krankheiten auf! Muss denn das wirklich immer sein?

Diese negativen Suggestionen nagen an deiner Gesundheit! „***Mir geht es prima, heute ist mein bester Tag!***" Diese oder eine ähnliche Antwort hast du sicher selten gehört. Willst du das mal erleben?

Ruf mich an: ***(D) 05522 - 919191*** oder sprich mich doch ganz einfach mal auf der Straße an...

2. ERHOLSAMER SCHLAF

Schlafe lange oder kurz, aber ***schlafe*** auf jeden Fall ***tief***. Finde deinen eigenen Schlaf-Rhythmus und sei gut zu

30 JUN	Positive Gedanken bedeuten Gesundheit, Glück, Erfolg und Leben. Negative Gedanken bewirken eher das Gegenteil, deshalb denke ich heute wieder positiv.

deinem Körper, denn dann kann er am nächsten Tag auch wieder Höchstleistungen für dich vollbringen.

Wer sich nachts zu lange mit den Problemen von morgen beschäftigt, ist am nächsten Tag zu müde, um sie zu lösen!

Rainer Haak, Gemeinde- u. Jugendpastor, Schriftsteller, *31.05.47

01 JUL	Ich denke nicht ständig darüber nach, wie schön das Leben gestern war. Das Leben findet täglich statt. Ich erlebe es heute.	02 JUL	Wer gelassen ist, der lebt im Heute und kümmert sich nicht zu sehr um das Morgen. Ich bin gelassen und kann deshalb auch loslassen!

Betätigst du dich am Tag körperlich und geistig, dann ist guter Schlaf für dich die beste Erholung. Genieße die Ruhe um für den nächsten Tag ausgeruht und topfit zu sein. Viele Menschen nehmen ihre Sorgen und Ängste mit in ihr Schlafzimmer. Wie sollen sie da ihre Batterien wieder aufladen? Eine gute Möglichkeit dieser Unsitte entgegenzuwirken ist folgende: Nimm einfach diesen Aufkleber und befestige ihn von außen an der Schlafzimmertür:

03 JUL
Positive Gefühle sind Freude und Liebe. Ich pflege sie jeden Tag und ich erlebe, wie sie wachsen. Heute bin ich gut gelaunt.

04 JUL
Ich lösche die Erinnerung an Fehler aus meinen Gedanken! Erfolge finden zuerst im Kopf statt. Deshalb denke ich jetzt um.

Du hast diesen Aufkleber noch nicht? Dann bestell ihn dir einfach per Mail zutritt@8x8-leben.de - ich schicke ihn dir gerne kostenlos zu! Mit diesem Wächter an der Tür wachst du morgens fröhlich und mit einem Lächeln noch vor der Sonne auf, denn ausgeruht hat die Morgenstund eben doch Gold im Mund!

3. AEROBISCHE BEWEGUNG

Guten Morgen - sicher gehörst du auch zum ***6-Uhr-Club?*** Das sind die Menschen, die Punkt zwei dieser Auflistung berücksichtigt haben und fröhlich und voller Tatendrang vor 6 Uhr erwachen!

Auch wenn du zur Kategorie der Langschläfer gehörst (die stehen nach 8:88 Uhr auf ;-) macht es auf jeden Fall

05 JUL	Das Wertvollste, was ich besitzen kann, ist meine positive Selbstachtung. Heute hole ich mir Rat von wirklich erfolgreichen Menschen.	06 JUL	Ich weiß, dass ich meine Lektion im Leben nur dann wirklich gelernt habe, sobald ich jeden Tag immer wieder meine Angst überwinde.

Sinn, dich irgendwann am Tag so ca. eine halbe Stunde lang ***sportlich*** zu betätigen!

Mit Geschicklichkeit und Fleiß sind nur wenige Dinge unmöglich; große Taten werden nicht durch Stärke, sondern durch Ausdauer vollbracht!

Samuel Johnson, engl. Schriftsteller, 1709-1784

Was du tust, das bleibt natürlich dir überlassen! Also ich ***jogge*** gern. Das hätte ich mir früher niemals vorstellen können! Kann echt zu einer (positiven) ***Sucht*** werden, dieses Laufen. Bewegung in der freien Natur, bei Wind und Wetter, ich habe es kennen und lieben gelernt!

Dabei ist das Wichtigste die ***Herzfrequenz***, die sollte stets im aerobischen Bereich liegen. Den erfährst du am einfachsten in deinem Fitnessstudio oder beim Arzt. Sollte

07 JUL
Mit meinen ständigen Schuldgefühlen tue ich niemandem einen Gefallen, am wenigsten mir selbst. Heute übe ich mich im loslassen.

08 JUL
Heute ist mein "Tag des Lächelns". Ich gehe auf alle Menschen fröhlich zu! Ich lobe spontan und ehrlich. Dabei halte ich stets Blickkontakt.

dir das zu aufwändig sein, dann schick mir einfach ´ne Mail, an herz@8x8-leben.de - ich helfe dir gern.

Du wirst dich wundern, wie einfach Laufen sein kann, bei meiner Pulsfrequenz ist das ein schnelleres Gehen! Sollte dir Laufen absolut nicht zusagen, dann gibt es noch viele andere Betätigungsfelder!

Eine gute Freundin z.B. turnt jeden Morgen ihre ***5 Tibeter (Yoga)***, genial! Ist aber auch für Männer eine prima Methode sich auf ewig jung und fit zu halten! Willst du mehr erfahren?

Mail schicken und los geht´s! tibeter@8x8-leben.de Egal, für welche sportliche Betätigung du dich entscheidest, wichtig ist nur, dass du dran bleibst und nicht nach ein paar Versuchen wieder aufgibst. Gib deinem Körper ***viel gesunde Bewegung*** für ein langes, vitales Leben!

09 JUL	Alles Grübeln und Nachsinnen über Vergangenes ist pures Gift für mein Wohlbefinden. Deshalb halte ich mich heute frei von diesem Übel.	10 JUL	Meine Zeit ist mein kostbarster Besitz! Heute lasse ich mich von nichts und niemandem daraus verdrängen! Meine Zeit ist mein Leben.

4. GESUNDE ERNÄHRUNG

Du bist, was du isst. Diese einfache Formel sollte ab sofort für deine Ernährung gelten. Du ernährst dich schon gesund? Super, dann bleibe dabei, bist du jedoch nicht wirklich zufrieden, dann habe ich eine Alternative.

Es ist besser Deiche zu bauen, als darauf zu hoffen, dass die Flut allmählich Vernunft annimmt!

Gerhard Czerwensky,
Wirtschaftsjournalist und Ökonom, †2003

Alles begann am 2. Juli 2001 in Frankfurt, am 4. Tag bei Anthony Robbins (Persönlichkeitstrainer aus den USA), unter dem Motto: „Living health" und sollte mein Leben verändern.

11 JUL	Ich denke heute nicht "Was wäre ...wenn", sondern "Es ist, wie es ist und wie es ist, ist es gut, weil es so ist!". Das bringt mich weiter.	12 JUL	Ich lasse es nicht zu, dass Gleichgültigkeit mein Leben beherrscht! Ich packe heute alles mit Begeisterung an! Alles gelingt mir besser.

An diesem Tag habe ich viel mehr über Ernährung gelernt als in meinem ganzen Leben zuvor. Seit diesem Tag ernähre ich mich ***vegetarisch***.

Ab diesem Moment durfte ich mir Sprüche anhören wie: „***Warst du schon zum Frühstück auf der Weide?***“ oder „***Hallo Körnerfresser!***“ verständliche Reaktionen, davon ausgehend, dass bis zu diesem Tag mein Leibgericht Filetsteak, englisch gebraten, war! Die „Frotzeleien“ hörten bald auf und schlugen oftmals um in Bewunderung.

Längst hat es auch mein gesamtes Umfeld akzeptiert und das Wichtigste: ***„Ich fühle mich einfach gut dabei!“*** Bist du auch ein Vegetarier? Hier ist eine kleine Aufzählung: ***Platon, Sokrates, Leonardo da Vinci, Benjamin Franklin, Albert Schweitzer, Mahatma Gandhi, Albert Einstein***, also befindest du dich in erlauchtem Kreise!

Neulich hat mich eine liebe Freundin darüber aufgeklärt, welche Form des Vegetarismus ich gewählt habe und zwar bin ich ***Ovo-Lacto-Pesco-Vegetarier***, ist das nicht

13 JUL	Sofern mein Leben manchmal eine unerfreuliche Mischung aus Unzufriedenheit und Angst ist, denke ich ab heute positiver!	14 JUL	Heute habe ich den Schneid, das Unbekannte zu wagen! Ich kalkuliere dabei freudig selbst eine Blamage oder Scheitern ein!

spannend?! Auch wenn es sich „unheimlich wichtig" anhört, bedeutet es einfach nur, dass ich Eier, Milchprodukte und Fisch (besonders wichtiger Lieferant für Eiweiß und die Omega-3-Fettsäuren) auf meinem Speiseplan stehen habe. Ich finde, das ist eine prima Kombination.

Wenn du dich gesund ernähren aber doch nicht auf Fleisch verzichten möchtest; ok, aber dann bitte aus einer zuverlässigen Quelle (Bauer den du kennst), möglichst nur einmal am Tag und in der richtigen Kombination mit anderen Nahrungsmitteln.

An Apple a day, keeps the doctor away... Leider sind im Obst nicht mehr wirklich so viele Nährstoffe drin, wie damals, als dieser Spruch geprägt wurde. Zum Glück habe ich eine Nahrungsmittelergänzung in komplexer Form gefunden, die es mir ermöglicht, diesen Mangel zu kompensieren! Du möchtest sie auch kennenlernen? Dann schreib mir doch einfach! vitamine@8x8-leben.de Sie ist wirklich lecker und beinhaltet alle lebenswichtigen

15 JUL	Mein Weg zu Freude und Begeisterung durch meine positive Einstellung beginnt mit dem ersten Schritt. Ich tue ihn jetzt.	16 JUL	Mein Leben ist ein herrliches Theater, also suche ich mir heute eine Rolle aus, die mir gut gefällt! Ich bin mein eigener Regisseur!

Vitamine und Mineralstoffe, die ich an einem Tag benötige. So starte ich in „meinen besten Tag“ und danach esse ich in der Regel bis mittags oft nur Obst und dann über den Tag viele kleine Mahlzeiten und abends möglichst wenig. So sind ***8 kg*** seit damals ***dauerhaft weggeschmolzen!*** Ist ein tolles Leben, ohne überflüssigen Ballast!

5. TRINK WASSER

Trinkst du am Tag mindestens zwei Liter? Diese Frage beantwortete mir neulich im Seminar jemand ganz stolz: „*Ja, ich trinke am Tag so meine zwei Kannen Kaffee!*“ „*Na prima*“, sagte ich: “*Dann solltest du direkt danach noch mal zwei Kannen Wasser trinken und dann bist du auf dem gleichen Stand wie vorher, denn Kaffee entzieht dem Körper nachweislich Flüssigkeit!*“

17 JUL	Ich lenke meine Augen heute vom Gewöhnlichen auf das Mögliche und handle! Ich traue mir einfach alles zu. Heute ist mein bester Tag!	18 JUL	Ich streiche das Wort "Unmöglich" aus meinem Wortschatz und meinen Gedanken. Ich schaffe alles, was ich mir vornehme.

Es gibt ein tolles Buch: Wasser, die gesunde Lösung. Als „Umlernbuch“ sehr zu empfehlen!

Ich habe selber auch lange gebraucht, bis ich hinter das Geheimnis des Wassers gekommen bin! Jahrelang habe ich auf die Frage: ***„´nen Kaffee?“*** zähneknirschend und nicht ganz ehrlich mit *„Ja, gern!“* geantwortet. Dann habe

19 JUL	Mein Leben kann heute Volltreffer oder Niete, ausgefüllt oder leer sein, je nachdem, wie ich denke, fühle oder handele!	20 JUL	Ich höre heute damit auf, andere für meine Lebensumstände verantwortlich zu machen! Ich werde jetzt einmal aktiver.

ich jede Menge Milch und Zucker reingeschüttet, damit dieses Getränk für mich einigermaßen genießbar wurde. Kombiniert mit echtem, ***hausgemachtem Stress*** sprangen immerhin ***1½ Jahre*** stärkste ***Tabletten, Magenschmerzen*** ohne Ende und ***drei Magenspiegelungen*** dabei heraus!

Danke, dass ich den ***Absprung geschafft*** habe! Heute trinke ich so 2-3 Liter Leitungswasser am Tag. Natürlich gilt hier, wie so oft, aller Anfang ist schwer, aber durchhalten lohnt sich! Ich habe mir ganz am Anfang immer vorgestellt, wie sich meine Zellen und mein ganzer Körper jetzt freuen und jubeln, weil sie Wasser bekommen. Oft musste ich dann während des Trinkens auch lachen. Das hat mir sehr geholfen!

Es ist der Geist, der sich den Körper baut!

Friedrich von Schiller, ein großer dt. Dichter, 1759-1805

Der Rest war dann Training: Also ganz einfach bewusst

21 JUL	Es sind nicht die Dinge selbst, die mich beunruhigen, sondern meine Vorstellung von den Dingen. Heute habe ich mehr Vertrauen.	22 JUL	Heute trage ich ganz bewusst die Last eines anderen Menschen mit! Dadurch baue ich Freude und Begeisterung in mir auf.

mehr trinken als vorher. Mein absoluter Geheimtipp:

LANGSAM STEIGERN!

Besonders, wenn du vorher pro Tag sehr wenig getrunken hast, dann ist der Anfang hart! Willst du´s lernen? Dann mail mir doch: wasser@8x8-leben.de - Mach es einfach...

Wie sind denn so deine Trinkgewohnheiten? ***Wieviel „schaffst“ du?*** Reagiere auf die Signale deines Körpers.

Viele Menschen trinken nach eigener Aussage nur einen halben Liter am Tag. Auf Dauer ist jedoch ½ ***Liter am Tag*** ganz sicher ***zu wenig***.

Wusstest du, dass ein Erwachsener am Tag alleine nur durch Verdunstung (Atmung, Schweiß etc.) ca. 1/2 Liter Wasser verliert? Diese Menge kann an richtig heißen Tagen im Sommer sogar ein Vielfaches betragen.

23 JUL	Ich bin ein außergewöhnlicher Mensch und weiß, dass der heutige Tag für mich der erfolgreichste meines Lebens wird. Ich freue mich darauf.	24 JUL	Ich kann nur mich und meine Gefühle kontrollieren, nicht aber das Verhalten und die Gefühle der anderen Menschen. Das nutze ich heute!

Da ist es leicht vorstellbar, dass du schon einmal deine Grenzwerte erreichst! Da hilft dir das Bewusstsein, etwas Gutes für dich und deinen Körper zu tun.

Notwendigkeit befreit von der Qual der Wahl

Luc de Clapiers Marquis de Vauvenargues,
franz. Schriftsteller, 1715-1747

Also, mach es einfach...

Es gibt eine gute Taktik um auch wirklich zu beginnen: Stelle dir mindestens zwei Liter Flüssigkeit (keinen Kaffee, Alkohol, Cola oder andere Getränke mit Kohlensäure) zurecht.

Nimm dir vor, diese am Ende des Tages auch getrunken zu haben. Nach einiger Zeit gewöhnst du dich daran und ohne darüber nachzudenken sind ***zwei Liter*** für dich ***kein Thema*** mehr...

25 JUL
Mein größter Wunsch, die Anerkennung meiner Fähigkeiten durch einen bestimmten Menschen, geht heute in Erfüllung, das spüre ich.

26 JUL
Ich erkenne heute an, dass mein Erfolg zum Teil auf der Unterstützung durch andere Menschen beruht! Ich sage öfter mal danke.

6. GENIESSE ES

Es gibt so vieles, was du gerne tun würdest, aber noch nicht zu tun gewagt hast. Nur du kannst es entscheiden:

Alle Lebewesen außer den Menschen wissen, dass der Hauptzweck des Lebens darin besteht, es zu genießen!

Samuel Butler, engl. Satiriker, 1612-1680

Dein Leben ist zu kurz, um etwas aufschieben zu können. Genieße es in vollen Zügen! Nimm alle Möglichkeiten wahr, um dein gesundes Verlangen nach Unabhängigkeit, Glück, Erfolg, Gesundheit, Partnerschaft, Sexualität und Selbstverwirklichung auszuleben, aber bitte nach der ***goldenen Regel***. Denn je größer dein Verlangen, desto

27 JUL	Meine Gedanken sind die größte Kraft für meine Suggestionen. Ich sage mir heute: "Ich schaffe alles, was ich mir vornehme!"	**28** JUL	Heute nehme ich mir vor, mich genauso zu lieben, wie ich meine Mitmenschen liebe. Das macht mich wirklich froh!

reicher ist dein Leben! Hab den Mut und den Willen dazu und dein Lohn wird ein erfülltes Leben sein, ohne die berühmten ***verpassten Gelegenheiten***!

7. NEUES LERNEN

Jeden Tag passiert so unglaublich viel Aufregendes in deinem Umfeld. Völlig egal, ob du alt oder jung bist, wichtig ist, dass du ***täglich*** mit Spaß lernst und dein Gedächtnis trainierst, denn das ist die Quelle deines Urteilsvermögens.

Dein Kopf enthält das genialste Medium zur Verarbeitung und Speicherung von Informationen, das Gehirn. Alles, was dort hineingelangt, durch deine Wahrnehmung (siehe KAPITEL 5), wird in einer der beiden Gehirnhälften aufgefangen. Das weißt du noch aus der Schule. Die ***rechte*** Hälfte ist für die ***Emotionen*** und die Kreativität,

29 JUL	Echte Eigenliebe hat nichts mit Egoismus, Selbsterhöhung oder gar Selbstsucht zu tun. Ich bin stets nett zu mir selbst!	30 JUL	Ich erfülle mir heute meinen tiefsten Herzenswunsch und stehe dann mit fröhlicher Begeisterung dahinter! Er wird wahr.

die ***linke*** für die ***Logik***, das sprachliche Denken zuständig. Doch sind diese beiden Hälften keine Einzelkämpfer, nur durch optimale Teamarbeit können sie ihre Leistung erbringen.

Dass ich bin, erfüllt mich mit immer neuem Staunen. Und dies bedeutet Leben!

Rabindranath Tagore, Dichter, Erzähler, Pädagoge, Autor, Maler Sozialreformer, Philosoph, Literaturnobelpreisträger, 1861-1941

Alle eingegebenen Informationen machen erst dann einen Sinn, wenn sie von beiden Gehirnhälften verarbeitet werden.

Ein kleines Beispiel soll das verdeutlichen: Nimm das Wort "*Buch*" als ***Information*** in der ***linken Gehirnhälfte*** – das ergibt für dich erst einen Sinn, wenn du es mit dem ***Bild des Buches*** aus der ***rechten Hälfte*** verbindest.

Danach gelangt es dann in einen der drei Speicher, die

31 JUL	Ich bin überzeugt, schließt sich heute eine Tür, dann öffnet sich eine andere. Ich habe Vertrauen und Geduld und alles gelingt.	01 AUG	Meine Kreativität ist der wichtigste Schlüssel, der mir Zugang zu meiner wirklichen inneren Kraft verschafft. Heute denke ich positiv!

insgesamt als dein Gedächtnis bezeichnet werden. Die Wissenschaft unterscheidet Ultrakurzzeit-, Kurzzeit- und Langzeitgedächtnis. Aber das würde hier zu weit führen...

Wie das Recht zu denken, so hast Du auch das Recht zu staunen und zu fragen!

nach Lin Yutang, Novellist, Linguist und Philosoph, 10.10.1895-26.3.1976

Wichtig ist nur, in deinem Gehirn wird ***alles gespeichert***, was es für ***extrem wichtig*** erachtet. Alle Informationen werden als Bild abgelegt und können so auch nach einem langen Zeitraum stets wieder abgerufen werden.

Du hast die Möglichkeit durch gezieltes Training dein Kurzzeit- so wie das Langzeitgedächtnis zu schulen und solltest davon regen Gebrauch machen.

Denke oder sage jetzt bitte nicht: „***Ich bin doch dumm***“ oder „***Das kann ich sowieso nicht***“ oder „***Überlass das***

02 AUG	Das größte Hindernis auf meinem Weg zum Erfolg sind die Zweifel. Deshalb habe ich ein genaues Bild von dem, was ich kann.	03 AUG	Ich sage dem anderen, was mich an seinem Verhalten stört, bin heute jedoch nicht bereit, mich darüber wirklich zu ärgern.

Denken mal den Pferden, die haben einen größeren Kopf!" Alle diese Negativsuggestionen schaden deinem Ego. Ich kenne dich nicht so gut wie du, aber ich bin sicher, du hast Fähigkeiten und Talente, die es wert sind, gelebt zu werden.

Es spielt auch überhaupt keine Rolle, wie hoch du deinen IQ (Intelligenzquotienten) einschätzt oder wie hoch er tatsächlich ist!

Du hast jederzeit das Recht darauf, Neues hinzuzulernen, solange du lebst! Mal ehrlich, was hält dich in der Regel davon ab Fragen zu stellen? Richtig:

DIE ANGST VOR DER BLAMAGE

Glaube mir, wer ***täglich*** fragt, der blamiert sich ***täglich***, wer aber ***niemals*** fragt, der blamiert sich ***ein Leben lang***!

Damit dir das nicht passiert, nimm doch einfach diesen Aufkleber und befestige ihn an deinem Lieblingsort:

04 AUG	Denke ich von mir selbst gering, kann ich auch von anderen nicht gut denken! Kopf hoch, und die Sonne lacht mir heute!	05 AUG	Ich mache ab heute eine Gewohnheit daraus, gut gelaunt zu sein! Dafür werden mich meine Mitmenschen bewundern!

Du hast diesen Aufkleber noch nicht? Dann bestelle ihn dir einfach per Mail blamieren@8x8-leben.de oder per Telefon, s.o. - ich schicke ihn dir gerne kostenlos zu!

Er wird dir gute Dienste leisten, davon bin ich überzeugt. Viele Menschen haben einfach Angst vor dieser Blamage, doch vor wem kannst du dich schon blamieren? Genau, nur vor dir selbst!

06 AUG	Ich übe mich in völliger Entspannung! Alles geht ohne Druck und Aufregung besser. Immer mit der Ruhe! Das gibt mir Kraft.	07 AUG	Ich bin kein eitler Egoist, aber ich entwickle ein gesundes Maß an Selbstachtung! Meine geistige Einstellung ist alles. Ich lobe mich heute.

Es gibt genug Berichte über Personen, die auch in hohem Alter noch einen Sprachkurs belegt oder sogar mit einem Studium begonnen haben.

08 AUG	Ich befreie mich heute von jeder Abhängigkeit! Ich unterwerfe mich nicht negativen Einflüssen und Gedanken anderer Menschen!	09 AUG	Es gibt unglaublich viele Kleinigkeiten, die ohne besonderen Aufwand und ohne große Mühe zu ändern sind. Deshalb tue ich es gleich!

Ich wünsche dir, dass du ebensolche Energie an den Tag legst und nicht nur auf deine ***Rente*** hinarbeitest, in dem Irrglauben, es dann ***geschafft*** zu haben?! Wenn du zur Ruhe kommst, dann baust du ab, so viel ist klar, lass´ es dazu bitte nicht kommen.

Nur im harten Kampf mit dem, was wir noch nicht können, wächst unser enges Ich über seine ursprünglichen Grenzen hinaus!

Eduard Spranger, dt. Philosoph, Psychologe, Pädagoge, 27.06.1882-17.09.1963

Es ist Fakt, dass das Gehirn im Alter um ca. 6 % seines Volumens abnimmt, nur sind da noch riesige Reserven übrig, die Lernfähigkeit bleibt somit erhalten. Wusstest du, dass wir in unserem gesamten Leben ***maximal 10 %*** der Kapazität unserer ***grauen Zellen*** nutzen?

Zwar arbeitet das Gehirn im Alter etwas langsamer, da

10 AUG	Ich lerne aus meinen Fehlern und lasse mich heute nicht von ihnen entmutigen! Ich muss nicht immer perfekt sein, das macht mich frei.	11 AUG	Das, was ich sehe, sollte frei von jeder Beurteilung sein, denn es ist weder gut noch böse, es ist einfach. Genau so nehme ich es an.

die für die Übermittlung der Informationen notwendigen ***Botenstoffe*** in einem reduzierten Maß produziert werden. Doch das nachlassen von Gedächtnis und Konzentration liegt in den meisten Fällen an einer akuten Unterforderung deines Gehirns, Gehirnjogging ist angesagt! Deine Muskulatur, das Skelett und auch dein Gehirn wollen permanent beansprucht werden, sonst lassen sie in ihrer Leistungsfähigkeit nach. Es liegt also in deiner Hand, ihnen stets genug ***Arbeit*** zu verschaffen um bis ins hohe Alter aktiv zu bleiben. Also merke dir: ***Wer rastet, der rostet, drum lerne das Leben, „egal" was es kostet!***

8. LACHE DICH GESUND

Sei ab sofort stets fröhlich und lebendig! Miesmacher gibt es genug, aber ihnen musst du es ja nun wirklich nicht gleichtun. Strahlender Optimismus, ***fröhliche Gedanken***

12 AUG	Heute bin ich über den Erfolg anderer genauso begeistert wie über meine eigenen Erfolge. Ich bin richtig zufrieden mit mir.	13 AUG	Gesundheit, Lebensglück, Zufriedenheit und Erfolg erreiche ich sicher, ich muss nur heute fest genug daran glauben.

und herzhaftes Lachen können dein Leben zu verlängern.

Jedes Mal wenn du lachst, fügst du deinem Leben ein paar Tage hinzu!

Curzio Malaparte, eig. Kurt Erich Suckert, italienischer Schriftsteller, 1898-1957

Lachen löst mögliche Denkblockaden in deinem Gehirn. Die Folge ist stets eine völlig neue Sicht der Dinge. Du bekommst neue Ideen und bist einfach kreativer. Nur wenn du zu jeder Zeit dieses Programm abrufen kannst, bist du auch in der Lage die sich ständig verändernden Anforderungen deines Lebens zu meistern.

Wissenschaftliche Untersuchungen haben bewiesen, dass Menschen, die über Witze nicht lachen können, oft über körperliche Beschwerden klagen. Dagegen hat die Fähigkeit zum ***Lachen*** einen wirklich ***positiven Einfluss*** auf ihr Selbstwertgefühl und ihren Umgang mit der Art Stress zu bewältigen. Herzhaftes Lachen aktiviert bis zu 230 der

14 AUG	Meine täglichen Gedanken sind die eigentliche Ursache für Glück oder Unglück in meinem Leben. Das erkenne ich und handle danach!	15 AUG	Ich denke heute einmal über meine genialen Fähigkeiten nach. Nichts ist so stark wie eine Sache, die ich zu meiner gemacht habe.

460 Muskeln in deinem Körper, ist also gleichzusetzen mit Fitnesstraining für deinen Organismus. ***Zu den Nebenwirkungen lesen sie die Witzeseite oder kitzeln ihren Arzt oder Apotheker***, denn das Tolle am Lachen ist:

DIE FOLGEN DES LACHENS SIND OHNE AUSNAHME POSITIV!

Und der Mensch, der öfter auf das Lachen verzichtet, macht sich ***strafbar***. Es gibt zwar kein Gericht, das dich dafür verurteilen würde, aber du bestrafst dich damit selbst, indem du dir deine Lebensfreude und deinen Lebensmut nimmst.

Es mag Situationen geben, wo dir zum Lachen nicht zumute ist. In diesem Fall gibt es ***Lachtrainer***, die dir auf professionelle Art und Weise weiterhelfen können. Bei ihnen kannst du lernen, wie du selbst „schwere Zeiten"

16 AUG	Gute Ergebnisse verlangen dauernde Wachsamkeit. Ich bin heute hellwach! Ich lerne nun lockerer mit einer Kritik umzugehen.	17 AUG	Laufe ich davon, weil ich mich fürchte, etwas Großes zu unternehmen, dann verpasse ich heute die beste Gelegenheit dazu!

durch den gezielten Einsatz von Lachen bewältigen kannst. Sende eine Mail an lachen@8x8-leben.de - dann will ich dir gerne eine gute Adresse zur Verfügung stellen!

Hier sind nur einige der positiven Eigenschaften, die das herzhafte Lachen dir bietet: Lachen ***entspannt*** und entkrampft, reichert das Blut im Sauerstoff an, stärkt dein Immunsystem, regt den Kreislauf an, dämpft und löst Schmerzen, fördert deinen Stoffwechsel, steigert deine Kreativität, ist dein ***Stresskiller No. 1***, aktiviert im Körper deine Glückshormone, wirkt als Antidepressivum etc. ...

Die Tränen lassen nichts gelingen, wer schaffen will muss fröhlich sein!

Theodor Fontane, Publizist, Kritiker, Herausgeber und Pressekorrespondent, 1819-1898

Was gut für deinen Körper ist, das ist natürlich auch gut für deine Seele. Es ist schon lange erwiesen, dass Menschen mit Humor ihr ***Leben*** und ihre Karriere sehr oft

18 AUG	Ich kontrolliere meine Gefühle stets selbst, bin selbstbewusst und lasse mich heute nicht zur willenlosen Marionette machen.	19 AUG	Ich erzwinge kein Ergebnis! Ich halte meinen Geist entspannt! Heute fließt mir die Lösung zu, darüber freue ich mich!

spielerisch meistern. Davon profitiert natürlich auch das Team, das sie umgibt. Sie sind kreativer, belastungsfähiger und erfolgreicher, die Arbeit geht ihnen einfach besser von der Hand und sie macht schlicht und ergreifend mehr Spaß! Das Leben soll dir doch auch ***Spaß machen***, oder?

DAS SIND DIE 8 PUNKTE DER GESUNDHEIT

Du hast ein Recht darauf, gesund zu leben. Wie ***gesund***, dass solltest du natürlich selbst entscheiden. Wendest du zukünftig vielleicht einige dieser Denkgesetze an, dann sei dabei ausdauernd, denn sonst sind deine Absichten sehr schnell zum Scheitern verurteilt.

Sammele genügend Informationen, die für dich wichtig sind, bevor du dich für eine Veränderung entscheidest,

20 AUG	Heute treffe ich einmal meine Entscheidungen rascher und handle entschlossener! Egal, was nun die anderen von mir denken oder sagen.	21 AUG	Alles, was ich mir wünsche tritt ein, sobald ich aufhöre, ihm nachzujagen. Also lasse ich jetzt los und es passiert ganz einfach.

das gibt dir eine große Sicherheit das Richtige zu tun.

Nimm dir Zeit, um abzuwägen; aber wenn die Zeit zum Handeln gekommen ist, hör auf zu überlegen und fang an!

Andrew Jackson, ehem. Präsident der USA, 15.03.1767-08.06.1845

Es ist zwar nie zu spät zum Anfangen, aber je früher du damit beginnst, um so eher gilt auch für dein Leben:

GESUNDHEIT MACHT SPASS

KAPITEL 5
DIE WAHRNEHMUNG

oder auch

DAS RENDEVOUZ DER SINNE

Die Zeit ist reif, die Wünsche und Visionen, die in uns leben, nach außen zu bringen, sie zu kristallisieren.

Es ist Zeit zu beginnen.

„Möwe Jonathan", Richard Bach, amerik. Schriftsteller, *1936

Ist es ***Traum*** oder ***Wirklichkeit***? Diese Frage stellt sich vor allem in den phantastischen Momenten, die wir erleben, wenn wir großes Glück verspüren, aber auch großes Leid.

Es sind die Momente, die wir wirklich mit all unseren Sinnen ***wahrnehmen***! Pures Glück kannst du sehen, hören, riechen, schmecken, tasten; du kannst es förmlich ***fühlen***! Ebenso verhält es sich mit tiefer Trauer.

22 AUG Ich mache mir immer wieder klar, dass große PRO-BLEME oft eine positive Entwicklung auslösen. Ich heiße meine PRO-BLEME willkommen.

Jeder von uns hat wirklich alles in sich um ein glückliches und erfülltes Leben zu führen: Ein Leben in harmonischer Balance zwischen den uns obliegenden Aufgaben und Verpflichtungen und der inneren Ausgeglichenheit, tiefer Zufriedenheit und Ruhe.

Die am Tag träumen, kennen viele Dinge, die den Menschen entgehen, die nur nachts träumen!

Edgar Allan Poe, amerik. Schriftsteller, 1809-1849

Auch du hast ganz besondere Fähigkeiten. Diese gilt es zu fördern und zu nutzen, für dich selbst und die anderen Menschen in deiner Umgebung, beruflich und privat.

Alles, was uns umgibt, ist pure Energie. Diese Energie nimmst du mit deinen Sinnen, die du auch als Lernkanäle bezeichnen kannst, auf. Nun hast du die Möglichkeit durch die Bearbeitung mit deinem Verstand in Kombination mit deinem gewaltigen Unterbewusstsein das für dich

23 AUG	Negative Vorstellungsbilder sind die größten Feinde meines Erfolges! Ich denke stets daran: Geldmangel ist nur Phantasiemangel.	24 AUG	Will ich freudig leben, tue ich gut daran, freudig zu handeln! Heute ist mein Tag für kraftvolle und positive Gedanken.

Beste herauszufiltern und in deine ***persönliche Lebensenergie*** zu verwandeln.

Nur du allein entscheidest, ob die vielen tausend positiven und natürlich auch negativen Wahrnehmungen am Tag dich glücklich oder unglücklich machen, hemmen oder weiterbringen.

Der menschliche Organismus ist wohl das Aufregendste und Interessanteste was in der Natur vorkommt. Seine Größe zu erfassen scheint schier unmöglich. Diese Komplexität ist für mich die Faszination der Sinne.

DIE „8" SINNE MENSCHLICHER WAHRNEHMUNG

25 AUG	Heute ist der Tag für Entschlossene und Mutige wie mich. Ich tue das, wovor ich mich immer fürchtete und das Ende meiner Angst ist mir gewiss!	26 AUG	Ich denke an Glück, setze die Kraft meiner Gedanken ein und schaffe mir die schöne Welt, in der ich leben möchte.

DER 1. SINN – DAS SEHEN

Deine Augen geben dir die Möglichkeit deine Welt zu ***sehen***. Das ***Sehen*** ist der am stärksten ausgeprägte Sinn. Etwa ***80 % aller Wahrnehmungen*** nimmst du über diesen Lernkanal auf. Hast du dir schon einmal darüber Gedanken gemacht, welche genialen Möglichkeiten dir deine Augen so bieten? Diese Welt mit den Augen wahrnehmen zu können, sichert dir ein großes Stück Lebensqualität.

Du musst alles sehen, vieles übersehen und ein wenig korrigieren!

nach Papst Johannes XXIII., 1881-1963

Deine echte Begabung liegt darin, andere Menschen zu

27 AUG	Glaube ich heute mehr zu brauchen, um mich noch zufriedener zu fühlen, werde ich es auch mit dem "Mehr" nicht unbedingt sein.	28 AUG	Heute streiche die "alten Programme" aus meinem Gedächtnis und ersetze sie durch neue: Ich schaffe es! Ich bin glücklich!

beobachten. Aus dem Verhalten der anderen kannst du für dein eigenes Leben sehr viel lernen.

Ob du das Gesehene dann auch zu deinem Vorteil einsetzt, das liegt an dir. Sicher hast du ein ***Vorbild***, einen Menschen, der aus deiner Sicht etwas Großes vollbracht hat. Dann eifere ihm nach und ***finde deinen eigenen Weg*** um eben solchen Erfolg zu haben.

Wir Menschen sind ***soziale Wesen*** und kommunizieren miteinander. Hierbei spielt der ***Augenkontakt*** eine wichtige Rolle. Ist dir schon einmal aufgefallen, dass dein Gegenüber im Gespräch wegschaute oder sogar ständig an dir vorbeiblickte? So etwas gibt es, aber es sollte für dich nicht die Maxime sein, denn dein Gesprächspartner verdient deine ganze Aufmerksamkeit.

Nur, bitte starre ihm nicht permanent in die Augen, das macht ihn unsicher. Lass deine Blicke einfach in seinem Gesicht wandern, so machst du eine harmonische, effektive Unterhaltung möglich.

29 AUG	Ich weiß, ich habe die Kraft, jedes selbst gesteckte Ziel auch zu erreichen. Meine herausragenden Ideen werde ich heute auch verwirklichen.	30 AUG	Ich überlasse die Programmierung oder Anleitung meines Geistes niemals zufälligen und unkontrollierten Gedanken.

Deine Augen ermöglichen dir stets die ***Orientierung*** im dreidimensionalen Raum und auch das Einschätzen von Geschwindigkeit und Entfernung, sehr nützlich beim Autofahren oder auch beim Fangen eines Balles.

Bei letzterem ist das Zusammenspiel zwischen Hand und Auge so perfekt, dass es den Anschein hat, als könntest du vorausahnen, was passiert, ja sogar ***in die Zukunft blicken***.

Dein Gehirn reserviert 33 % der grauen Zellen für das Sehen. Und trotzdem lässt sich deine Wahrnehmung sehr schnell in die Irre führen. Nimm das jetzt bitte nicht persönlich, das ist bei allen Menschen der Fall, aber oft sind es ja gerade diese Sinnestäuschungen, die uns so faszinieren. Ein kleines Beispiel soll dies verdeutlichen.

Bitte betrachte folgenden Satz für 20 Sekunden und kreuze dann an, wie oft das „F“ in ihm erscheint:

31 AUG	Intelligenz bedeutet, den wechselnden Situationen des täglichen Lebens gewachsen zu sein. Ich habe Mut, ich kann es!	01 SEP	Ich habe einen unerschöpflichen Vorrat an Kraft und Wissen. Heute vollende ich meinen Plan, ich weiß, dass ich es kann.

FINISHED FILES ARE THE RESULT OF YEARS OF SCIENTIFIC STUDY COMBINED WITH THE EXPERIENCE OF YEARS.

○ ○ ○ ○ ○ ○ ○
1 2 3 4 5 6 7

Quelle: Internet

Ich bin sicher, du hast nicht geschummelt. Das Ergebnis findest du im **KAPITEL – MACH ES EINFACH...** auf Seite 234.

Diese oder ähnliche Täuschungen gibt es sehr oft und sie verblüffen mich jedes Mal immer wieder aufs Neue.

Du siehst, es wird dir nicht immer leicht gemacht direkt zu erkennen, was gut oder schlecht, richtig oder falsch ist.

In jedem Fall sind es Menschen, die Wahrnehmungen dieser Art haben und da hat natürlich jeder seine eigene Sichtweise. Solltest du dir über die Richtigkeit deiner

02 SEP	Ich habe ein gutes Selbstwertgefühl und benötige keine Statussymbole, um mir und der Welt zu beweisen, wie wichtig ich bin.	03 SEP	Heute lasse ich mein Unterbewusstsein einmal an der Lösung meiner PRO-BLEME arbeiten! So erhalte ich heute die richtige Antwort!

eigenen Sichtweise einmal nicht im Klaren sein, dann hätte ich da eine geniale Möglichkeit, dies zu ändern:

Um klar zu sehen genügt oft genug nur ein Wechsel der Blickrichtung!

Antoine de Saint-Exupéry, franz. Schriftsteller, 1900-1944

Willst du die Welt um dich herum wirklich verstehen, dann sei bereit die Dinge auch aus der Sicht des anderen zu sehen. Die Indianer haben dafür eine prima Möglichkeit gefunden. Sie sagen: „***Willst du über einen anderen Menschen urteilen, dann solltest du erst einmal 14 Tage in seinen Mokassins gelaufen sein.***" Tue dies und deine Toleranz gegenüber deinen Mitmenschen wächst von Tag zu Tag.

Säe niemals den ***Samen der Vorurteile*** auf dem großen Feld zwischenmenschlicher Beziehungen aus, denn es könnte sein, dass du sonst die falschen Früchte erntest. Worüber du auch immer urteilst, letztendlich ist es immer

04 SEP	Sicher mache ich ab und zu auch einmal Fehler! Die nehme ich heute nicht so ernst und vor allem nicht so wichtig! Ich lache einfach mal darüber.	05 SEP	Über die Vergangenheit brauche ich mir wirklich keine Gedanken mehr zu machen, sie ist vorbei. Ich gehe nun freudig das an, was heute zu tun ist.

ein ***Urteil über dich selbst***! Also gehe raus in die Welt und schaue dich um, es gibt jeden Tag wieder so viel Neues und Schönes zu entdecken. Schärfe deinen Blick für die magischen Momente.

Die größte Sehenswürdigkeit, die es gibt, ist die Welt – sieh sie dir an!

Kurt Tucholsky, Schriftsteller, 1890-1935

DER 2. SINN – DAS HÖREN

Deine ***Ohren*** sind ebenfalls ein faszinierendes Sinnesorgan. Unser Gehör ist jederzeit wach, das diente uns früher dazu, nicht von einer Gefahr überrascht zu werden. In unserer heutigen, zivilisierten Welt hat sich die Aufgabe der Ohren nur geringfügig geändert, denn das Erste,

06 SEP	Ich habe den Mut, der Wirklichkeit freudig in die Augen zu blicken! Ich übernehme die Verantwortung für mein Leben heute endlich selbst!	07 SEP	Ich handle stets fröhlich und nach meinem Plan, so kommen meine Vorhaben jeden Tag einen Schritt weiter. Ich lebe das Heute.

was wir morgens früh bewusst ***hören***, ist? Richtig, der Wecker! Längst hat er sich von einem erschreckenden ***Monster*** (der Wecker aus der Zeit des späten 19. Jahrhunderts) zu einem multimedial ausgestatteten ***Bewusstseinserweiterer*** gewandelt, aber er dient nach wie vor nur dem einen Zweck, deine Ohren zu erreichen.

Nutze die Talente, die du hast. Die Wälder wären sehr still, wenn nur die begabtesten Vögel sängen!

Henry van Dyke, amerik. Geistlicher, 1852-1933

Dein Leben ist geprägt durch eine Vielzahl von auditiven Wahrnehmungen. Diese Geräusche haben einen großen Einfluss auf dein Gefühlsleben.

Sie versetzen dich, je nach Art und Lautstärke, in ganz bestimmte Stimmungen. Hörst du z.B. ein Lied daheim auf einer noch so guten Stereoanlage, so kann dies ein

08	SEP	Ich mindere meine Angst dadurch, dass ich nicht negativen Gedanken nachhänge! Loslassen ist meine große Herausforderung des Lebens.

Live-Konzert mit demselben Lied keinesfalls ersetzen.

Du bist der Herr des ungesprochenen Wortes, das gesprochene ist Herr über dich!

Siddhartha Gautama, der spätere Buddha, ca. 560-480 v. Chr.

Es heißt ja immer: ***„Der Ton macht die Musik"***. Das stimmt, bist du schon einmal kritisiert worden? Wie hat das auf dich gewirkt? Fühlst du dich angegriffen, wenn du dich Kritik aussetzt, oder? Die Frage ist einfach, wie diese Kritik rübergebracht wird. Handelt es sich um einfaches Meckern ohne einen besonderen Hintergrund oder ist es etwa konstruktive Kritik, die mit sachlichen Argumenten unterlegt wird. Sicher wirst du der zweiten Version eher folgen, wenn sie an dein Ohr dringt!

Viel besser als die konstruktivste Kritik ist jedoch das (leider viel seltener genutzte) ***Loben!*** Willst du jemanden

09 SEP Alles was war, ist für immer vorbei. Heute beginnt meine Zukunft. Ich denke stets positiv und die wundervolle Welt mit allen Möglichkeiten liegt vor mir.

dazu bringen, dass er dich nicht mehr kritisiert, dann fange an ihn zu loben. Tue dies vor allem auch vor anderen Menschen (ist übrigens das Gegenteil von „über ihn herziehen";-) - das beweist wahre ***Stärke*** und bringt dir echte Anerkennung im Kreise deiner Mitmenschen.

10 SEP	Ich mache nun endgültig Schluss mit den Schuldzuweisungen an die Vergangenheit. Gestern ist vorbei. Ich lebe ab sofort das Heute.	11 SEP	Das Grundgesetz meines Lebens ist die Freude. Besonders in dunklen Tagen denke ich daran. Heute werden alle meine Wünsche wahr.

Solltest du einmal gelobt werden, was ich dir jeden Tag mehrfach wünsche, so dringt auch dieses ***Lob*** durch deine Ohren in deinen Körper ein, wo es vom Gehirn zu einem ***guten Gefühl*** verarbeitet wird.

Lob ist eine gewaltige Antriebskraft, dessen Zauber seine Wirkung nie verfehlt!

Andor Foldess

Dein Gehör reagiert sehr stark auf menschliche Stimmen. Sie können dir Angst machen, Freude bereiten, Leid vermitteln, dich trösten, Überheblichkeit signalisieren und Begeisterung erzeugen. Dies richtet sich zum einen danach, was und wie der Sender der Botschaft etwas aussendet. Zum anderen ist entscheidend, was dein Gehirn aus den vom Gehör aufgefangenen Eindrücken so macht.

Es bedient sich dabei deines Unterbewusstseins und ruft die gespeicherten Erfahrungen und Verhaltensmuster ab. Somit kannst du also eine Botschaft noch so liebevoll

12 SEP	Ich vermeide heute ganz bewusst das "man" und sage "ich", wenn ich mich meine. Ich bin für mich wichtig. Das zeige ich mir heute wieder.	13 SEP	Die Segel bestimmen den Kurs und nicht der Wind. Meine innere Einstellung macht mich zum Sieger. Heute schaffe ich wirklich alles.

rüberbringen wollen, doch es kann durchaus sein, dass sie bei deinem Gegenüber ganz anders ankommt.

Das Volk versteht das meiste falsch; aber es fühlt das meiste richtig!

Kurt Tucholsky, Schriftsteller, 1890-1935

Selbst deine sexuelle Anziehungskraft ist von der Stimme abhängig und entscheidet darüber, ob du attraktiv oder uninteressant auf den anderen wirkst. Die stärkste Kraft, unsere Stimmung zu beeinflussen, hat jedoch seit jeher die Musik.

Die Wissenschaftler gehen sogar davon aus, dass unser Körper automatisch auf einen bestimmten Rhythmus reagiert und dadurch selbst unser Herzschlag und unsere Bewegungen beeinflusst werden. Lass die Musik deinen Körper durchdringen und auch in deine Seele fließen und du erfährst die ***magischen Momente*** in deinem Leben.

14 SEP — Ein guter Tag beginnt für mich immer damit, dass ich mir bereits am Abend vorher einen Plan für den nächsten Tag mache und danach handele.

DER 3. SINN – DAS TASTEN

Dein ganzer Körper reagiert ganz empfindlich auf jede Art von Berührung. Selbst die kleinste Berührung löst Gefühle in dir aus. Das beginnt bereits bei der Begrüßung. Nimm den Händedruck, der dir z.B. vermittelt, ob dein Gegenüber entschlossen (*kräftiger Druck*) oder unsicher (*lasche Handhaltung, teilweise Angstschweiß*) ist. Eine herzliche Umarmung, ein zarter Kuss auf die Wange signalisieren dir Freundschaft.

Der Umgang miteinander hat in unserer ***gefühlsarmen Welt*** in den letzten Jahren sehr gelitten. Die Herzlichkeit und Liebe ist vielfach aus unseren Beziehungen, seien sie geschäftlicher oder privater Natur, gewichen.

Ist es nicht mehr ***„in"***, den anderen auf der Strasse zu grüßen? Ein Grossteil der Menschen trottet hängenden

 Ich verwerte die kostbaren Schätze meines Geistes dazu, mein Leben und auch das Leben der Anderen zu verbessern! Heute gelingt mir das prima.

Kopfes die Straßen entlang. Aber ***muss das so sein?*** Nein, es muss nicht! Zeig der Welt da draußen, dass es noch Liebe unter den Menschen gibt!

Wir müssen lernen, zu fühlen, zu spüren, zu riechen und zu sprechen, ohne dass irgendeine Autorität unseren Austausch mit der Welt zensiert!

Charlotte Selver,
amerik. Autorin „Sensory Awareness", 1901-2003

Nächstenliebe ist auch deine Sache! Ein kurzer Blick, ein freundliches Lächeln und alles ***fühlt*** sich gleich viel besser an. Das gilt natürlich auch und vor allem für deine eigene Partnerschaft. Ist bei dir schon der ***Alltagstrott eingekehrt?*** Dann ***freu dich*** darüber, du bist nämlich jemand, der direkt etwas dagegen unternehmen kann.

Fass doch deinen Partner mal wieder an! Ja, das meine ich

16 SEP	Positives Denken ist eng mit meinem gesunden Menschenverstand verbunden. Ich nutze ihn heute. Dann wird wieder mein bester Tag!	17 SEP	Was ich heute aussende, kommt auch wieder zu mir zurück. Ich begegne allen Menschen heute freundlich, wohlwollend und mit Achtung!

wörtlich! Wie viele ***Paare*** jeder Altersklasse siehst du auf der Straße ***nebeneinander*** oder sogar ***hintereinander*** herlaufen. Dabei wäre es doch viel schöner die Hand deines Partners zu spüren, den du wirklich liebst.

Und wenn du ihn nicht mehr liebst, dann gibt es auf jeden Fall, wie immer, zwei Möglichkeiten: Entweder du beginnst dich für ihn zu begeistern, dadurch könnte die Liebe zurückkehren, oder du trennst dich von ihm. Dann kannst du dir einen neuen Partner suchen, den du wieder ***anfassen*** magst!

Hab Mut, jedoch nicht um ihn zu beweisen!

Joachim Ringelnatz, dt. Schriftsteller und Kabarettist, 1883-1934

Sicher kennst du deine ***erogenen Zonen***, an denen dir die Berührung deines Partners besonders gut tut. Das sind die Bereiche, wo eine sanfte Berührung in der Lage ist, die gesamte Palette der Gefühlsreaktionen von ***Gänsehaut*** bis ***Orgasmus*** auszulösen.

18 SEP	Ich entwickle die ganz besondere Fähigkeit, nur die positiven Dinge in meinem Leben herauszufinden! Sie machen mich heute sehr stark.	19 SEP	Minderwertigkeitsgefühle vermindern die Hoffnung auf Verbesserungen. Ich stärke mein Unterbewusstsein und lebe heute selbstbewusster.

Kennt dein Partner diese Bereiche auch? Gut! Wenn nicht, dann zeig sie ihm, denn das erhöht dein persönliches Wohlbefinden und lässt dich die Liebe deines Partners viel intensiver ***spüren***.

Nicht jeder Körperteil ist gleich empfindlich. Wenn es um Tastsinn und ***spüren*** geht, sind wir manchmal so empfindsam wie ein Elefant. Wenn der durchs Dickicht bricht, dann schmerzt ihn so schnell kein Dornenstrauch, nur verletzt er sich den Rüssel, dann ***verspürt*** er starke Schmerzen.

Auch in einer Träne kann sich die Sonne spiegeln!

Maxi Böhm, Kabarettist, Conférencier, Schauspieler, 23.08.1916-26.12.1982

Und was bei dem Elefanten der Rüssel, sind bei uns Menschen die Fingerspitzen, beide sind extrem empfindlich. Daher ist oft ein kleiner Schnitt in die Fingerkuppe sehr viel schmerzhafter als eine wirklich große Verletzung am

20 SEP	Ich höre damit auf, mich selbst zu bedauern und konzentriere mich von jetzt an auf meine Stärken und die Ziele in meinem Leben.	21 SEP	Was zu tun ist, tue ich gleich! Morgen ist nämlich nie! Wer zu spät kommt, den bestraft das Leben, deshalb treffe ich heute eine Entscheidung!

Oberschenkel. Dein persönliches Schmerzempfinden hat viel mit der Anzahl der Rezeptoren unter deiner Haut zu tun. Das Tolle ist nun aber, dass sich die Schmerzen durch den Kopf ***beeinflussen*** lassen. Am eindrucksvollsten ist das Beispiel aus einer amerikanischen Klinik. Dort wurden Freiwillige für das Ausprobieren eines neuen Medikamentes gesucht, das die Schmerzen lindern und den Heilungsverlauf extrem verbessern sollte.

Die ***neue Medizin*** zeigte bei einem Großteil der Probanden durchweg eine wirklich positive Entwicklung des Krankheitsverlaufs. Viele fühlten sich nach der Einnahme besser und spürten, wie es mit ihnen bergauf ging. Nach Ablauf der Testphase wurde den Teilnehmern mitgeteilt, dass es sich bei dem Mittel um ein absolut wirkungsloses ***Placebo*** (ein Medikament ohne Wirkstoff) handelte.

Was war passiert? In den Menschen wurde die Hoffnung genährt, dass das Medikament ihnen helfen wird. Die Probanden, die verstanden, dass sie alleine durch ihr

22 SEP	Habe ich aufgehört, gut zu sein, dann habe ich auch aufgehört, besser zu werden. Heute ist ganz bestimmt noch eine Steigerung möglich.	23 SEP	Eine lebenswerte und erfolgreiche Zukunft ist das ganz normale Ergebnis meiner positiven Lebenseinstellung. Ich habe sie, das stärkt mich heute.

Denken den Heilungsverlauf positiv beeinflussen können, erfreuten sich bald wieder bester Gesundheit. Der Rest hatte mit der Krankheit noch viel länger zu kämpfen.

Entschlossenheit im Unglück ist immer der halbe Weg zur Rettung!

Johann Heinrich Pestalozzi, Pädagoge und Reformer, 1746-1827

Eine gute Möglichkeit, das Schmerzempfinden so weit wie möglich auszuschalten, habe ich am eigenen Körper erfahren. Getreu dem Motto: *„Hurrah, ich lebe noch!“*, habe ich vor Jahren an einem ***Feuerlauf*** teilgenommen.

Mit dabei waren noch achtzig weitere Teilnehmer. Die Veranstaltung dauerte weit über acht Stunden und als Krönung stand dann am Abschluss der Feuerlauf! Aus meiner langjährigen Erfahrung darf ich bestätigen, dass die mentale Vorbereitung darauf einfach genial war; Kompliment an Thomas Baschab (Erfolgstrainer) und sein Team. Die Autosuggestion, dass wir nicht über ***glühende***

24	SEP	Sehne ich mich heute nach Anerkennung, dann beginne ich ab sofort damit, andere Menschen für ihre Leistungen spontan zu loben, das wirkt auch bei mir.

Kohlen *(Temperaturen bis zu 700° C)*, sondern über ***kühles, feuchtes Moos*** gelaufen sind, hat derart gut funktioniert, dass alle Teilnehmer ohne Blessuren dieses Abenteuer bewältigt haben.

DER 4. SINN – DAS RIECHEN

Hatschiii! ***"Gesundheit und ein langes Leben!"*** Ist das nicht herrlich, wenn die Nase kribbelt und du mit einem Nieser, der leicht die Geschwindigkeit eines Gewittersturms erreicht, dir Erleichterung verschaffst?

Niesen kann wirklich sehr befreiend sein. Das Niesen ist ein Reinigungsreflex, ausgelöst durch Fremdstoffe in der Nase, bei dem störende Partikel, Bakterien und Viren aus der Nase herauskatapultiert werden; sonst würden sie in der Lunge ihr zerstörerisches Werk beginnen. Dazu ein Tipp: ***„Wenn dir einmal die Nase juckt, du aber partout***

25 SEP Widerstände und unangenehme Dinge heiße ich in meinem Leben stets willkommen. Sie lassen mich wachsen und machen mich immer selbssicherer.

nicht niesen kannst, dann kann dir sicher ein starker Lichtreiz auf die Sprünge helfen. Einfach vorsichtig in die Sonne blinzeln und "Hatschiii", schon ist es passiert".

Die Nase ist ein weiteres, geniales Sinnesorgan. Obwohl, wenn jemand zu dir sagt: „***Ich kann dich nicht riechen***!", dann hat er nicht etwa seinen Geruchssinn verloren, sondern er mag dich ganz einfach nicht.

Woher kommt diese Formulierung? Vielleicht, weil es auch weniger angenehme Düfte auf dieser Welt gibt.

Ein gutes Beispiel dafür ist das ***Stinktier***, der größte Stinker der Welt. Und da ***stinken*** nun mal negativ belegt ist, hat sich daraus dieser Spruch entwickelt. Wenn dir der andere die Chance gibt, zu beweisen, dass du eigentlich ein ganz netter Mensch bist und es sich bei seiner Äußerung vielleicht nur um ein Vorurteil gehandelt haben könnte, prima.

26 SEP	Ich bin der Regisseur auf der Bühne meines Lebens. Ich denke, fühle und handle jetzt bewusster, und mein ganz persönliches Theaterstück gelingt mir.

Wenn nicht, dann lass ihn einfach los und suche dir einen neuen Bekanntenkreis, der deine Gegenwart ganz **dufte** findet und zu schätzen weiß.

Verkehre nur mit Menschen, durch die du selbst besser werden kannst. Lass nur solche Menschen an dich herankommen, die du besser machen kannst. Die innere Förderung ist dann gegenseitig, denn du lernst, wenn du lehrst!

nach Lucius Annaeus Seneca,
röm. Dichter u. Philosoph- 4 v. Chr.-65 n. Chr.

Lernen ist immer gut, das haben wir im **KAPITEL 4 – KRAFTQUELLEN** im Bereich Verstand schon erfahren. So lass uns kurz noch den biologischen Grund entdecken, weshalb wir manche Gerüche als unangenehm empfinden. Unser Weg führt uns in die afrikanische Savanne, wo Tierkadaver oft 14 Tage lang in der sengenden Hitze

27 SEP	Ich vermeide heute alles Negative in meinem eigenen Sprachgebrauch! Natürlich spreche ich auch gut über Mitmenschen. Das tut mir besonders gut.

verrotten. Im Ursprung entwickelte sich nämlich unser Geruchssinn, um uns vor bakterienverseuchten Nahrungsmitteln wie diesen zu warnen.

Der Verzehr dieses Fleisches würde dich auf der Stelle umbringen. Für die Hyäne aber, deren Magen gegen die Bakterien resistent ist, ***riecht*** der Kadaver nach einem Festmahl.

Pekunia non olet*

Anlässlich der Einführung von Abgaben für Bedürfnisanstalten ausgesprochen von Vespasian, 69-79 v. Chr.

Bist du Lateiner? Wenn nicht, hier ist die Übersetzung:

* Geld stinkt nicht. Stimmt doch, oder? ***Die Menschen*** haben für das ***Geld*** wahrlich abenteuerliche, oft abwertende Formulierungen gefunden: „Knete, Zaster, Moneten, Kies, Kohle, Tacken etc."

Also ich finde, Geld verdient es Geld genannt zu werden und nach meinem Empfinden hat es sehr wohl einen guten Geruch, es ***duftet*** nach Freiheit und Unabhängigkeit, kann es denn einen schöneren Duft auf der Welt geben?

Die Antwort ist ganz klar: ***„Ja, einen!“*** Und zwar ist es der Duft eines geliebten Menschen, seiner Haare, seiner Haut

29 SEP Positive Gedanken sind meine persönlichen Helfer, um alle Möglichkeiten zu nutzen, die mein herrliches Leben mir bietet. Ich setze sie bewusst ein.

und in ganz ***bestimmten Situationen*** sogar sein Schweiß. Geben sie dir doch dieses unvergleichliche Gefühl niemals wieder etwas anderes wahrnehmen zu wollen.

Offenbar ist die Wahrnehmung von Gerüchen sehr eng mit deinen persönlichen Erfahrungen verbunden. Manche Gerüche erinnern dich an gute und manche an weniger gute Situationen in deiner Vergangenheit. Hast du das auch schon einmal bemerkt?

Auf jeden Fall wünsche ich dir zukünftig bei allen Entscheidungen stets den ***richtigen Riecher***!

DER 5. SINN – DAS SCHMECKEN

„Lass es dir schmecken", hörst du oft, wenn du ein leckeres Mahl vor dir stehen hast. Na, denn mal los! Am besten bei Kerzenschein und leiser Musik, damit deine anderen Sinne auch was davon haben. Du weißt doch:

Liebe geht durch den Magen!

anonymer Feinschmecker

Es sieht mir ganz danach aus, dass der ***Geschmack*** einen hohen Stellenwert in unserem Leben genießt! Klar, wenn wir von ***gutem Geschmack*** reden, dann denkt ***„Frau"*** sofort an zwei Dinge, erstens: ***„Was darf ich essen um meine Figur zu erhalten?"*** und zweitens: ***„Was zieh ich heute wieder schönes an?"*** denn schließlich möchtest du ja einen ***guten Geschmack*** beweisen.

Zu deiner Beruhigung, heutzutage sind die Männer natürlich genau so eitel! Und das ist auch gut so, denn guter Geschmack hat ja schließlich auch direkt mit Wohlbefinden zu tun. „***Mann***" zeigt halt heute auch ganz gerne, was er sich wert ist!

Auf jeden Fall ist beim Essen ***Abschmecken*** absolut angesagt, denn die Geschmäcker gehen ja bekanntlich

01 OKT Ich stehe meinem jetzigen Alter positiv gegenüber! Ich lerne heute einmal, darin meinen Vorteil zu sehen und freue mich auf alles, was dieser Tag mir bringt.

auseinander. Die einen mögen süße Sachen, die anderen lieber saure, ob würzig oder mild, scharf oder extrascharf, das musst du eben selbst für dich entscheiden, Hauptsache es schmeckt dir!

Das einzige Mittel, das Leben zu ertragen, ist, es zu genießen!

Rudolf Leonhard, dt. Lyriker, Dramatiker, Erzähler, Hörspielautor, Herausgeber, 1889-1953

Mag das Leben noch so schwere Prüfungen für dich bereithalten, mit einem schmackhaften Essen sieht alles gleich ganz anders aus. Allgemein gilt für das Kochen und Essen allerdings: ***„Weniger an Würze ist mehr!“*** - Vor allem weniger Salz, am besten ohne, denn in Brühwürfeln, Speck oder Sojasoße ist meist schon alles enthalten.

Der Vorteil liegt auf der Hand, du gibst dadurch deinen Geschmacksnerven die Möglichkeit auch wieder feinste Nuancen zu erkennen, die durch zuviel Salz oder auch

02	OKT	Ich habe wirklich die Kraft in mir, alle negativen und zerstörerischen Einflüsse zurückzuweisen. Deshalb tue Ich dies heute, voller Lebensfreude.

Geschmacksverstärker wie z.B. Mononatriumglutamat verloren gegangen sein könnten.

Im Vergleich mit den meisten Tieren fällt auf, dass der Mensch den unbändigen Drang verspürt, jedes Essen auszuprobieren. Dieser Umstand brachte uns im Laufe der Evolution dazu, fast den ganzen Planeten zu bevölkern, da wir anscheinend überall etwas fanden, was uns schmeckte.

Wege entstehen dadurch, dass du sie gehst!

nach Franz Kafka

Wir Menschen sind jederzeit unseren Weg gegangen und das Essen hat in der Entwicklung immer eine große Rolle gespielt. Unsere Geschmacksknospen lassen uns die schlechte von der guten Nahrung nun mal sehr fein unterscheiden.

Da sich die Menschen auf der Welt sehr unterschiedlich

 Heute erstarre ich nicht vor Ehrfurcht vor anderen, erfolgreichen Menschen. Ich kopiere sie nicht mehr, sondern bin ich selbst und lebe einfach glücklich.

entwickelten, entstanden auch diverse Vorlieben für alle möglichen Nahrungsmittel in den verschiedenen Kulturen!

Wie wäre es z.B. mit einer echten Delikatesse aus China: "Die Tausendjährigen Eier", das sind viele Wochen alte vergorene Enteneier. Na, dann guten Appetit!

Enten legen ihre Eier in aller Stille. Hühner gackern dabei wie verrückt. Was ist die Folge? Alle Welt isst Hühnereier!

Henry Ford, amerik. Automobilhersteller, 30.7.1863-7.4.1947

Ist doch klar und nur allzu verständlich – ***tue Gutes*** und ***rede darüber***. Lass es dir schmecken, wann immer dir danach ist. Gutes Essen ist kein Luxus, sondern deine Einstellung zu den schönen Dingen des Lebens!

04 OKT	Jeder Erfolg muss von innen her kommen. Dessen bin ich mir bewusst und stelle meine Gesundheit und Leistungsfähigkeit heute einmal mehr in den Vordergrund.

DER „6. SINN“ DAS „EHEMALIGE“ ÜBERSINNLICHE

Im Jahre 2004 verblüffte uns folgende Meldung: „***Der bisher für parapsychologische Wahrnehmungen genutzte „6. Sinn“ wird ab sofort der Wissenschaft zurück gegeben, um fortan der Biologie zur Erforschung der elektrischen und magnetischen Sinne der Tiere (kein Scherz!) zu dienen, da diese wenig übersinnlich sind!***“ Nun denn, da sind wir doch flexibel, dann nehmen wir doch den „***7. Sinn***“. Dieser wird ja sowieso schon seit langem dazu benutzt, um in einer Informationssendung mit dem Namen „***Der 7. Sinn***“ Autofahrer vor Gefahren im Straßenverkehr zu ***warnen!*** Ich hab es doch irgendwie geahnt . . . Also, wenn das nicht wieder zum Thema passt?! Bitte dort Weiterlesen! Danke!

05 OKT Oft ist eine Aufgabe später größer als zu dem Zeitpunkt, an dem ich zum ersten Mal mit ihr in Berührung gekommen bin. Trotzdem meistere ich sie sicher.

DER „7. SINN" DAS ÜBERSINNLICHE

Stell dir vor, du bist die Friseurmeisterin *Angela M.* und gehst gerade im PC deine Kundenkartei durch. Dabei fällt dir der Kunde *Michael P.* auf, der schon seit drei Jahren deinen Salon nicht mehr betreten hat.

„***Ok***", denkst du dir: „***Dieser Kunde hat anscheinend kein Interesse mehr***". Du entschließt dich schweren Herzens den Datensatz des Kunden Michael P. zu löschen und – ***weg ist er***.

Doch dann überkommen dich Zweifel, ob der Löschvorgang geklappt hat, aber der Name fällt dir einfach nicht wieder ein. Während du versuchst, dich daran zu erinnern, klingelt das Telefon. Du hebst den Hörer ab und meldest dich: „*Guten Tag, Friseurteam K., Sie sprechen mit Angela M., was kann ich für Sie tun?*“ Die männliche Stimme am anderen Ende sagt: „*Guten Tag, ich war schon so lange nicht mehr bei Ihnen, aber ich hätte gerne einen Termin!*“ Darauf du: „*Ja, gerne, wie ist denn Ihr Name?*“ Und seine Antwort: „***Mein Name ist Michael P. ...***“

Gänsehaut, oder? Glaubst du an Zufälle? Sicher nicht, du weißt doch, Zufall ist das, was dir zufällt! Alles hat einen tieferen Sinn! Ja, was war es denn dann? Fragen über Fragen?

Du siehst nur mit dem Herzen gut. Das Wesentliche ist dem Auge unsichtbar!

nach Antoine de Saint-Exupéry, franz. Schriftsteller, 1900-1944

Und das ist nicht die einzige wahre Begebenheit, von der ich direkt Kenntnis erlangt habe, sondern nur die Spitze des Eisbergs.

07 OKT	Ich versuche heute nicht, ein Ergebnis zu erzwingen! Ich halte meinen Geist entspannt! Dann fließt mir die Lösung zu; das ist die allerbeste Idee.

Eine Möglichkeit der Erklärung für das Phänomen des Übersinnlichen ist, dass jeder Mensch paranormale Kräfte und Fähigkeiten besitzt. Die übersinnliche Wahrnehmung, kurz ÜSW, ist also eine menschliche Fähigkeit, die wir bis zu einem gewissen Grad alle besitzen. Aber es gibt eben große Unterschiede, wie jeder Einzelne damit umgeht.

Der Wind der Unendlichkeit weht durch Herz, Körper und Seele, schenkt mir den Atem des Neubeginns

Nari

Frauen glauben eher an die Existenz ***paranormaler Kräfte*** als Männer, dafür sind diese stärker der Auffassung, dass diese Kräfte wissenschaftlich erklärbar sind.

In unserer heutigen, hektischen Zeit ist wenig Raum für Dinge und Begebenheiten, die mit unserem logischen Menschenverstand nicht erklärt werden können. Auf

 Heute trete ich jedem Angstgefühl mit starkem Mut entgegen! Ich schaue in den Spiegel: "Ja, ich finde mich gut. Ich schaffe es!"

jeden Fall steht fest, dass Sehen, Hören, Riechen, Schmecken und Fühlen, die bekannten fünf Sinne, für die Erklärung dieser Kräfte nicht ausreichen, also mindestens ***noch ein Sinn*** existieren muss! Und wir alle sind schon einmal bewusst oder unbewusst mit diesem, nennen wir ihn „***7. Sinn***", in Verbindung getreten.

Alle Menschen haben die Aufgabe, schöpferisch zu arbeiten. Aber die meisten merken es nie!

Truman Capote, amerik. Schriftsteller, 1924-1984

Es kann sein dass du ihn als eine Art „***warnende Stimme***" aufgenommen und dann danach gehandelt hast. Dein Tun hat sich im Nachhinein dann sicher immer als richtig erwiesen. Was ist der Grund dafür, dass einige Menschen Dinge im Voraus wissen und andere nicht? Ganz einfach, weil nur einige Menschen ganz bewusst in sich hineinhören und auf ihre innere Stimme und ihr Unterbewusstsein

 Jetzt ist meine beste Zeit. Ich widme mich allen meinen Vorhaben mit Begeisterung und absoluter Beharrlichkeit. Nur das Durchhalten zählt.

achten! Unter den Wissenschaftlern glaubt nur ein kleiner Teil an ÜSW, gleichwohl wird aber auch die Anzahl derer, die ÜSW für absolut unmöglich halten, immer geringer. Das zeigt doch eindeutig, dass es sich bei ÜSW um ernst zu nehmende Fähigkeiten handelt.

Lernen ist wie Rudern gegen den Strom. Sobald du aufhörst, treibst du zurück!

nach Benjamin Britten, Engl. Filmmusikkomponist, 1913-1976

Diese erstrecken sich von der Telepathie über Hellsehen, -fühlen und –hören bis hin zur Präkognition und Psychokinese. Sie stellen einen Teil der menschlichen Eigenschaften, wie etwa Intelligenz oder Persönlichkeit, dar. Du kannst diese Fähigkeiten bewusst in dir schulen, genauso wie du eine Fremdsprache lernen kannst. So erzielst du im Laufe der Zeit immer größere Erfolge und lernst deinen „***7. Sinn***" richtig einzusetzen.

10	OKT	Mein Selbstwertgefühl erhöht sich durch mein Tun und mit jedem PRO-BLEM, das ich einfach selbst gelöst habe. Ich bin heute mal wieder richtig aktiv.

Unter den erlernbaren Fähigkeiten unterscheiden wir:

1. **TELEPATHIE** Du bekommst Informationen über eine ganz bestimmte Person in einer bestimmten Entfernung, ohne die Einbeziehung der ersten 5 Sinne oder der Logik.

2. **PSYCHOKINESE** Bewusste Einflussnahme auf Dinge, Ereignisse oder Personen durch deinen Geist unter Anwendung einer bisher unbekannten physischen Kraft.

3. **HELLSEHEN** Entspricht in etwa der Telepathie, nur beziehen sich die Informationen auf Dinge/Ereignisse.

4. **PRÄKOGNITION** Die Erlangung von Hinweisen über Ereignisse in der Zukunft.

5. **AUSSERKÖRPERLICHE ERFAHRUNGEN** Die hier angeblich vollzogene Trennung von Körper und Geist in Form von Astralreisen, autoskopische ÜSW, Erscheinungen, diversen medialen Fähigkeiten, Reinkarnation und Todesnähe-Erlebnissen.

 Ich verwirkliche heute meine Träume. Ich kenne mein Ziel ganz genau. Also werde ich auch den Weg dahin finden. Darauf freue ich mich schon jetzt.

Bei diesen Phänomenen können elektromagnetische oder akustische Effekte oder Temperaturveränderungen ohne physikalische Ursache auftreten; es entstehen Einflüsse auf biologische Vorgänge oder chemische Reaktionen, die durch die Konzentration des Geistes passieren. Wie überall in unserem Kosmos gibt es natürlich auch in Bezug auf parapsychische Phänomene Menschen, die sich der betrügerischen Nachahmung schuldig machen. Das sind falsche Hellseher, Medien- und Bühnentelepathen und Menschen, die bei ihren Schilderungen nachträglich etwas hinzugefügt, wegelassen oder übertrieben dargestellt haben.

Sicher wird also die ***parapsychologische Forschung*** auf ihrem Weg zur Anerkennung als Wissenschaft noch mit vielen Schwierigkeiten zu kämpfen haben, aber der Weg lohnt sich. Um der Parapsychologie wirklich näher zu kommen, ***musst du umdenken***, um zu einem neuen Bewusstsein zu gelangen, wenn du das willst.

12	OKT	Für positiv denkende Menschen wie mich macht es keinen Sinn sich über etwas aufzuregen oder zu ärgern. Das nehme ich mir heute ganz besonders zu Herzen.

Ist das ein Thema, das dich näher interessiert, na dann schicke eine Mail an sinn7@8x8-leben.de und du findest einen kompetenten Ansprechpartner für deine Wünsche und Fragen, die dir auf der Seele brennen.

DER „8. SINN“
DER SINN DES LEBENS

Davon gibt es, aus meiner Sicht, nicht nur einen, sondern ganz viele, nämlich ***genau so viele, wie es Menschen gibt***. Das, was dir als wichtig erscheint und – ***im Sinne des Seins*** – deinem Leben eine Bedeutung verleiht. In unserer Zivilisation gibt es ganz verschiedene Ansichten über den Sinn des Lebens, wobei dieser zum einen zwischenmenschlich als auch in Bezug auf einen ganz persönlichen Lebenszeitraum gesehen wird. Niemand kann die Antworten zählen, die auf die Frage nach dem "***Sinn des Lebens***" gestellt wurden. Allerdings gibt es sehr viele Überschneidungen bei den Ansichten. Läuft alles glatt in deinem Leben, dann wirst du diese Frage auch selten stellen. Sie taucht immer dann auf, wenn bei dir etwas nicht ok ist. Das trifft zu bei großer Unzufriedenheit oder Veränderungen in deinem Leben. Auch dann, wenn du z.B. ein Ziel erreicht hast und denkst: „***Das war´s und jetzt?***" Oft erklärst du in solchen Situationen bereits beantwortete Fragen automatisch zu Teilzielen, um sie noch besser hinterfragen zu können.

Es ist recht müßig zu fragen, ob das Leben einen Sinn hat oder nicht. Es hat den Sinn, den wir ihm geben.

Martin Kessel, dt. Schriftsteller, 14.04.1901-14.04.1990

Die Religionen setzten an exakt diesem Punkt an und geben dem Suchenden einen Sinn oder ein Ziel, das so endgültig ist, dass es nicht weiter hinterfragt werden muss.

14 OKT Heute habe ich den Mut auch mal "Nein" zu sagen! Ich tue stets nur das Rechte, weil es auch immer das Richtige ist! Ich tue es gleich, denn später heißt nie!

DER SINN DES LEBENS - IST FÜR MICH ...

15 OKT — Ich streiche heute einmal ganz bewusst alle negativen Redewendungen wie "Ja, aber..." und "Wenn..." aus meinem Sprachgebrauch! Das übe ich täglich.

Fragst du mich, was mein Lebenssinn ist, dann sage ich dir; die ***Liebe***. Die ***Liebe*** zu allen Elementen in unserem Universum.

Durch immerwährendes ***Geben*** und unendliche ***Geduld,*** die ***Liebe*** in die Welt zu tragen, um andere „*anzustiften*“, es mir gleich zu tun und dadurch das größte Glück zu erfahren – ***die Liebe!***

Der höchste Genuss besteht in der Zufriedenheit mit sich selbst!

Jean-Jacques Rousseau, frz.-schweiz. Philosoph, Pädagoge und Schriftsteller, 28.06.1712-02.07.1778

KAPITEL 6
DER ERFOLG

Unzufriedenheit ist der 1. Schritt zum Erfolg!

Oscar Wilde, engl. Schriftsteller, 16.10.1854-30.11.1900

Eine interessante These und alles in allem - ***Recht hat er!*** Kennst du den wahren Schlüssel zum Erfolg? Und überhaupt, ***Erfolg, was ist das?*** Da gibt es eine sehr einfache Definition, die da heißt: „*Erfolg ist, wenn man´s trotzdem macht!*" Stimmt natürlich, will so viel sagen wie: "**Halte durch, es lohnt sich!**" Das funktioniert auf Dauer sicher...

In Wirklichkeit ist Erfolg für jeden etwas anderes; für den einen ist es ***der bestandene Schulabschluss***, für den anderen die ***wieder gewonnene Gesundheit***, für den nächsten ein ***Sechser im Lotto***. *Was ist Erfolg für dich?* Eins ist ja wohl sonnenklar:

FAKT IST WIR BRAUCHEN Mumm

16 OKT Pessimistische Gedanken sind meine wahren Feinde. Sie sind daran Schuld, wenn es mir schlecht geht. Deshalb verbanne ich sie heute aus meinem Leben!

Genau, nämlich: **M**UT **U**ND **M**OTIVIERTE **M**ENSCHEN – also gilt die gute alte Formel: ***„Mache andere erfolgreich und du wirst es selbst!***“ Motivierte Mitarbeiter sind der Schlüssel für ein erfolgreiches Unternehmen. Weißt du, welch gewaltige Summe allein die Deutsche Wirtschaft Jahr für Jahr für die fehlende Motivation am Arbeitsplatz aufbringt?

17 OKT	Ich mache es mir zur Gewohnheit, immer Zeit für die Liebe, das Glück und die Lebensfreude zu haben. Dadurch wird mein Leben schöner.
18 OKT	Ich denke, spreche und handle anderen gegenüber so, wie ich mir wünsche, dass sie es auch mir gegenüber tun! Das macht mich noch zufriedener!

Die Kosten:

55,5

Mobbing 17 Mrd. €
Fluktuation 21 Mrd. €
Alkoholismus 25 Mrd. €
Innere Kündigung 35 Mrd. €
Medikamentensucht 12 Mrd. €
Überschneidungen -50%

Milliarden

Das ist doch unglaublich, oder? Vor allem die Zahl der ***inneren Kündigung***! 35.000.000.000 € - Die würde ich mir gerne verdienen, diese Zahl mit 9 Nullen.

Das Staunen hört aber noch nicht auf. Nach einer Studie der Gallup Organization (eines der Welt größten Unternehmen für Beratung, Marktforschung, Mitarbeiterauswahl und Schulung) aus dem Jahre 2001 fühlen sich etwa 84 % der Arbeitnehmer ihrem Unternehmen gegenüber nicht verpflichtet!

19 OKT	Habe ich Angst, mein Gesicht zu verlieren, hemmt das meine Entwicklung. Heute mache ich endlich einmal das, was „man" sonst nicht macht.	20 OKT	Meine Fehler aus meiner Vergangenheit sind nicht korrigierbar, auch Schuldgefühle helfen mir nicht. Also blicke ich mutig nach vorn.

Daraus resultierte ein gesamtwirtschaftlicher Schaden von seinerzeit sogar ca. ***220 Milliarden €!*** So darf das nicht weitergehen! Was lernst du daraus? Ein bedeutungsvoller Schlüssel zum Erfolg eines Unternehmens sind ***engagierte und motivierte Mitarbeiter***.

Das, was du fürchtest zerteile in möglichst kleine Stücke, überwinde jedes einzelne der Reihe nach mit minimalem Aufwand – und du gehst deinen Weg!

Koschi der Mutmacher *19.06.1962

Ein Wort an alle Unternehmer: *„Wie wäre es denn, wenn ihr anfangen würdet, eure* ***Arbeitnehmer*** *zu* ***lieben****?* Und ihr Arbeitnehmer: *„Fangt endlich an euren* ***Beruf*** *zu* ***lieben!***" Solltest du das schon tun, herzlichen Glückwunsch, dann gehörst du zum elitären Kreis der 16 % glücklichen Menschen auf unserem Planeten. Solltest du das nicht

21 OKT	Ich mache mir keine Sorgen darüber, dass ich etwas nicht schaffen kann, sondern denke nur darüber nach, wie ich es dennoch schaffen werde.	22 OKT	PRO-BLEME sind nicht die Hauptsache in meinem Leben, also mache sie auch nicht dazu. Ich schaue heute mehr auf die Lösung.

können, aus welchem Grund auch immer, dann wechsele unbedingt den Beruf oder zumindest den Arbeitgeber.

Mag sein, dass du jetzt denkst: „*Witzbold, wechsele mal eben den Arbeitgeber – als wenn das so einfach wäre, ich habe eine Familie, ein Auto, 2 Haustiere, 3 Kredite und leben muss ich ja schließlich auch noch!*“ Genau, das sollst du ja auch, ***leben***, aber sich morgens zur Arbeit zu quälen und acht Stunden lang gefrustet und gelangweilt seinem Tagewerk nachzugehen, dass kann doch nicht ***deine Idee von Leben*** sein, oder?

Du musst dieses ***brennende Verlangen*** in dir spüren, diese Liebe und Hingabe zu dem, was dir wirklich Spaß macht. Dann wird es dir auch gelingen, einen neuen, besseren Arbeitgeber zu finden!

Denn, liebst du deinen Beruf, dann vergeudest du nicht deine wertvolle Zeit. Dein innerer Antrieb sorgt dafür, dass du und „***deine***“ Firma ganz einfach erfolgreich seid, stimmt´s?

23 OKT	Ich lebe in der festen Überzeugung Erfolg zu haben und deshalb habe ich ihn auch. Heute verursache ich den Erfolg selbst und freue mich darüber.	24 OKT	Ich behandle meinen Körper wie eine Kostbarkeit. Er ist der Garant für meinen Lebenserfolg. Darauf achte ich heute wieder verstärkt.

Habe eine Vision, ein selbst gestecktes Ziel; richte deinen Blick nach vorn und du wirst dir deine Wünsche erfüllen.

Visionen 98

Ich möchte Realist sein,
mich nicht in Träumen verlieren, die Schäume sind.

Doch ich will mir nicht vom Realismus
Blockaden aufbauen lassen,

hinter denen ich nicht mehr meine
VISIONEN sehe,

die durch den festen Glauben daran
erreichbar sind.

Thea PLUQUETT

Was sind deine geheimen Wünsche? Was möchtest du erreichen? Wer ist dein Vorbild? Schreibe es jetzt auf!

Mach dir klar, dass die schriftliche Fixierung deiner Ziele und Wünsche schon die Hälfte ihrer Erfüllung bedeutet!

25 OKT	Ich plane heute meine Zukunft so, wie ich auch meinen Urlaub planen würde; voller Freude, Kraft, Lebensmut und unendlicher Phantasie.	26 OKT	Ich bin der einzige, der entscheiden kann, was für mich das Beste ist. Nur ich weiß die richtigen Antworten und gebe sie mir nun fröhlich.

Gib deinem Unterbewusstsein klare und eindeutige Bilder und sieh dich auf deiner ***inneren Leinwand*** schon dort, wo du gerne sein möchtest, bei dem, was du am liebsten tun willst. Fange jetzt damit an:

ICH HABE EINE VISION...

Heute habe ich es notiert:

Bitte nimm dir ausreichend Zeit und schreibe deine "Vision" auf. Tue dies so bildhaft und plastisch wie möglich. Denn je lebendiger die Impulse, desto aktiver dein Unterbewusstsein:

27 OKT	Ich bin heute einmal anpassungsfähig und toleriere auch die Meinung anderer Leute! Ich habe recht, die anderen allerdings auch.	28 OKT	Aufschub ist der Dieb der Zeit! Ich habe heute wieder den Mut, das Notwendige zu tun, um alle meine Ziele auch zu verwirklichen!

Wenn jeder Einzelne in „***deiner***“ Firma so viel Energie aufbringt wie du, dann wird es gelingen die Herausforderungen des Marktes zu bestehen. Ein aktiver Unternehmenscoach sieht das so:

„Ziel eines Unternehmens ist: Das materielle Wohl und die Lebensqualität aller an seinem Erfolg Beteiligten zu mehren.“

Stephen R. Covey, amerik. Bestsellerautor

Das muss doch möglich sein; Unternehmen mit menschlichem Führungsverhalten und einem prima Betriebsklima mit motivierten Mitarbeitern, die gerne zur Arbeit gehen und sich mit ihrem Unternehmen identifizieren. Ich bin mir sicher, es ist möglich und es strahlt natürlich auch positiv auf die Kundschaft ab.

Ich hatte im Oktober 2003 das große Glück, in unserem Göttinger Marketingclub, einem hervorragenden Vortrag

29 OKT	Ich lasse die Dinge gewähren, so wie sie kommen und gehen! Ich halte sie nicht fest, denn loslassen bedeutet absolute Unabhängigkeit.	30 OKT	Ich spreche meine Gedanken und Ansichten einmal offen, aufrichtig und ehrlich aus und tue heute alles, was für mich am besten ist!

lauschen zu dürfen, der das Marketing unserer Zeit aus einem ganz aktuellen Blickwinkel betrachtete. Die Kernaussage aus neunzig spannenden Minuten war:

Marketing heißt: „Menschen glücklich machen“

Anne M. Schüller, Autorin

Anne M. Schüller referierte aus ihrem Buch ***Total Loyalty Marketing***, was aus meiner Sicht sehr treffend analysiert, wie es möglich ist, mit loyalen Mitarbeitern und treuen Kunden zum Unternehmenserfolg zu gelangen.

Der Kunde möchte bei den heute immer stärker standardisierten Waren und Dienstleistungen durch den Erwerb eines Produktes oder einer Dienstleistung natürlich auch einen emotionalen Zugewinn erhalten, ist doch klar. Wir Menschen, hier auf dieser Erde, brauchen einfach diesen ***emotionalen Mehrwert***!

Was ist das beste Mittel um diesen emotionalen Mehrwert

31 OKT	Ich habe alles in mir, was notwendig ist, um das zu werden, was ich mir wirklich wünsche. Heute mache ich etwas Besonderes daraus.	01 NOV	Sorgen, die ich mir mache, und Ängste, die ich in mir spüre, sind nur ein Zeichen dafür, dass mir noch viel Vertrauen fehlt.

auf Führungsebene und Kundenebene herzustellen? Ganz einfach, durch deinen Humor, dein Lachen und deine Liebe zu den Menschen, die dich umgeben, wird es dir mit Leichtigkeit gelingen.

Die Umgebung, in der der Mensch sich den größten Teil des Tages aufhält, bestimmt seinen Charakter!

Antiphon von Rhamnus, der Redner, ca. 480–411 v. Chr.

Längst ist es erwiesen, dass du als fröhlicher Mensch nicht nur als sympathisch und kompetent vom Kunden wahrgenommen wirst, du fühlst dich auch wirklich besser und lebst ganz einfach gesünder. Du siehst deine Arbeit als eine positive Herausforderung an und erledigst deine Aufgaben zielgerichtet mit großer Verantwortung und Erfolg. Dabei sind deine positive Ausstrahlung und dein Lachen deine größten Erfolgsfaktoren. Du bist einzigartig, zeig es!

02 NOV | Liegt einmal wieder ein „steiniger" Weg vor mir, dann denke ich immer daran, dass alles, was ich mit Freude mache, sehr viel leichter geht.

Wenn du nicht genau weißt, ob dir überhaupt zum Lachen zumute ist, weil du in der Vergangenheit zu viel negatives im Berufs- und Privatleben passiert ist, dann wird es Zeit einmal die Bilanz deines bisherigen Lebens zu ziehen:

03 NOV Ich teile mir den Weg zu meinem Ziel in überschaubare Teilstrecken ein. Dann gehe ich jedes Teilstück mit großer Leichtigkeit, das gelingt mir gut.

DIE BILANZ MEINES LEBENS...

Heute habe ich Bilanz gezogen:

Bitte nimm dir 10 Min. Zeit und schreibe alle Dinge auf, die in deinem Leben bisher positiv oder negativ waren! Sollte das Blatt nicht ausreichen, so verwende bitte ein eigenes:

POSITIV	NEGATIV

ICH . . . . - . . . . !

Ist deine Liste komplett? Dann bitte weiterlesen auf der nächsten Seite!

04 NOV	Es gibt fast nichts, was ich nicht auch erreichen kann. Ich muss es nur wirklich wollen, dann werden alle meine Träume wahr.	05 NOV	Ich übe mich darin, was in meinem Leben geschieht oder was heute auf mich zukommt, als Beobachter zu sehen, das macht mich frei.

Wie auch immer deine Bilanz auf Seite 193 aussehen mag, mache einen dicken Strich darunter und ergänze dann die unterste Zeile mit folgender Überzeugung:

ICH AKZEPTIERE DEN IST-ZUSTAND!

Egal, wie auch immer dein Leben bisher verlaufen ist, es hat dich bis hierhin gebracht, sei dankbar dafür, aber alles, was war, ist vorbei, völlig egal ob es positiv oder negativ war. Du kannst es nicht mehr verändern!

Tue etwas, wovon du dein Leben lang geträumt hast und du wirst etwas erleben, wovon du dir nicht hast träumen lassen!

Rolf Merkle, Autor

Es macht keinen Sinn, darüber nachzugrübeln, ob in deiner Vergangenheit etwas gut oder schlecht gelaufen ist, ziehe deine Erfahrung aus der jeweiligen Situation

06 NOV	Ich bin entschlossen, daran zu glauben, dass ich ein wertvoller, liebenswerter und vor allem einmaliger Mensch bin. Ich liebe mein Leben!	07 NOV	Ich wurde als einzigartiger Mensch geboren und bekam das Recht, mein Leben voll auszuschöpfen. Dieses nutze ich nun täglich.

und dann lass los. Nimm es an, wie es ist, denn das ist gut so! Die Regel dafür steht auf der Seite 211! Du hast noch Fragen oder Anregungen: bilanz@8x8-leben.de

Du solltest die Dinge so nehmen wie sie kommen. Aber du solltest dafür sorgen, dass die Dinge so kommen, wie du sie nehmen möchtest!

nach Curt Goetz, Regisseur, Drehbuchautor, Autor und Schauspieler, 17.11.1888-12.09.1960

Ich habe dir auf Seite 196 und 197 Checklisten für deine Lebensplanung vorbereitet. Nutze sie, um dir Klarheit zu verschaffen, wo du momentan stehst und wo du hin willst! Ok, die Dinge sind, wie sie sind. Du hast keinen Einfluss auf Vergangenes. Sehr wohl kannst du aber dafür sorgen, dass dein weiteres Leben so verläuft, wie du es gerne haben möchtest. Sehr hilfreich wird für dich folgende Liste sein, die du natürlich selbst beliebig erweitern kannst:

08 NOV — Ich stelle mich allen Schwierigkeiten und Stürmen mutig entgegen und denke stets daran, dass sie nur so überwunden werden können!

DER WEG MEINES ERFOLGES:

Ab heute gehe ich diesen Weg:

1. **A**uf geht´s, mache einen Plan.Wo möchtest du hin gehen, wie soll dein Erfolg aussehen? Beschreibe deine Zieladresse (welchen Wunsch möchtest du verwirklichen?)

2. Für jede Reise brauchst du Proviant, der dich stärkt, wenn du hungrig bist! Notiere deine 10 besten Eigenschaften! (**U**nabhängigkeit, Mut, etc.)

3. Du bist ja in der Vergangenheit auch schon ein schönes **St**ück Weg gegangen! Auch da hattest du Erfolge. Welche deiner Eigenschaften waren dafür besonders verantwortlich und warum?

4. Wer wandert schon gern allein. Suche dir **D**eine Wegbegleiter selbst aus. Notiere 3 deiner Vorbilder und was zeichnet diese aus? (Name, Stärken)

Auf der nächsten Seite geht es weiter...

09 NOV

Heute löse ich mit Freude das „allergrößte" PRO-BLEM, das ich habe, getreu dem Motto: „Mach es einfach und dann mach es einfach!"

DER WEG MEINES ERFOLGES: _ _ _ _ _ _ _ _ _ !

5. Ihr seid nun unterwegs. **A**lle Weggefährten bieten dir ihre Dienste an! Von welchen ihrer Erfolge kannst du jetzt profitieren?

6. Stolpersteine versperren den Weg.Der **U**mweg führt über eine tiefe Schlucht. Was tust du? (Bei Bedarf, Anleitung auf Seite 224)

7. Das viele Wandern macht dich müde! In was für einer Herberge möchtest du morgens **E**rwachen? Beschreibe Sie! (Berghütte oder Luxus Hotel, etc.)

8. Wer **R**astet, der rostet. Mach dich wieder auf den Weg! Welches Fortbewegungsmittel würdest du wählen, und warum? (Flugzeug, Cabrio, etc.)

Danke dass du dir die Zeit genommen hast, deinen Erfolgsweg zu "planen". Sieh dich auf deiner inneren Leinwand bereits deinen gewünschten Erfolg genießen. Nutze deine "Wegbegleiter", "Stärken" und deine "Wünsche" immer wieder als Motivation, um dich deiner Zielvorstellung zu nähern. Benötigst du bei der Deutung deiner Antworten Unterstützung, dann schreibe an: erfolgsweg@8x8-leben.de Am Ende dieser kleinen Übung trage oben rechts alle "**fetten**" Buchstaben aus den Aufgaben von 1-8 ein und du erhältst das einzig wahre Mittel um **echten Erfolg** zu haben. Viel Spaß!

10	NOV	Ich bewahre mich heute vor negativen oder vergifteten Gedanken! Ich könnte sonst damit mein eigenes Gemüt vergiften! Also bin ich gelassener.

Erfolg macht Spaß! Damit dein Weg so richtig erfolgreich ist, empfehle ich dir etwas ganz wichtiges. Suche dir dein

TEAM

Du kennst diese Abkürzung? Prima, hoffentlich gilt für dich ***nicht diese*** ausgeschriebene Version von TEAM:

TOLL ***E***IN ***A***NDERER ***M***ACHTS!

Erfolgreich ist eine Mannschaft, die die erlernbare Fähigkeit hat, zusammen auf eine gemeinsame Vision hinzuarbeiten. ***Wer Erfolg haben will*** braucht immer ein ***gutes Team***, denn hier beginnt die Möglichkeit einzelne Leistungen auf organisatorische Ziele zu lenken. Es ist der Kraftstoff, der es „normalen" Menschen ermöglicht, jederzeit „ungewöhnlich" gute Ergebnisse zu erzielen!

TEAMFÄHIG
ENGAGIERT
AUSDAUERND
MOTIVIERT

Das ist die wirkliche Definition für **TEAM**

11 NOV	Ich erwarte Gutes und glaube fest daran, so werde ich auch nur Gutes ernten! Heute ist ein besonderer Tag für mich! Ich lebe aktiv und bewusst.

Die weichen Faktoren wie soziale Kompetenz, Teamfähigkeit und Lernbereitschaft zählen zu den wichtigsten Eigenschaften einer Führungspersönlichkeit.

Wir lernen die Menschen nicht kennen, wenn sie zu uns kommen, wir müssen zu ihnen gehen, um zu erfahren, wie es mit ihnen steht!

Johann Wolfgang von Goethe, größter dt. Dichter, Biologe, Jurist, Geologe, Geheimrat, Minister etc., 28.08.1749-22.03.1832

Deshalb fordern die großen Unternehmen von ihren Führungskräften u.a. auch dass sie sich den Mitarbeitern

12 NOV	Ich verlasse mich auf die Liebe und das Vertrauen meines Partners! Doch nur ich allein habe wirklich die Kontrolle über mein Leben!	13 NOV	Ich ändere heute eine Situation oder meine Einstellung dazu! Ich schaue genau hin, und freue mich darüber, was dann passiert.

gegenüber öffnen und mit ***Humor und Freundlichkeit*** eine Unternehmenskultur schaffen.

Diese ist durchaus in der Lage, die Krankenstände zu senken und ***die Freude*** an der täglichen Arbeit und damit den ***Umsatz zu steigern***.

Der vernünftige Mensch passt sich der Welt an; der unvernünftige versucht hartnäckig, die Welt sich anzupassen. Darum hängt jeder Fortschritt vom unvernünftigen Menschen ab!

George Bernard Shaw,
irischer Schriftsteller und Bühnenautor, 1856-1950

Handele am besten nach diesem einfachen Prinzip. Um ***wirklich erfolgreich*** zu sein, musst du manches Mal auch einfach „***unvernünftig***" sein, deiner Kreativität sind hierbei ***keinerlei Grenzen*** gesetzt, es sei denn, du gibst ihr

14 NOV	Ich fühle mich zu keiner Zeit verpflichtet, etwas zu tun, was ich nicht wirklich tun möchte! Ich sage heute einmal „Ja" zu mir.	15 NOV	Meine Einstellung zu einer bestimmten Situation ist viel wichtiger als Tatsachen. Ich habe heute die Kraft zur richtigen Lösung.

welche. Natürlich fällt es nicht immer leicht, gegen den Strom zu schwimmen, aber gerade das macht einen erfolgreichen Menschen aus.

Nicht mit den Wölfen zu heulen, sondern der Leitwolf zu sein. Kennst du die Aussage: „***Anders als alle anderen?***" Sicher kennst du sie, aber sie ist jetzt um einen wichtigen Aspekt erweitert worden, nämlich das fünfte A:

ANGENEHM ANDERS ALS ALLE ANDEREN

Überlasse nichts dem Zufall (den es ja sowieso nicht gibt), sondern ***erkenne deine Chance und nutze sie***! Der Erfolg passiert dir immer dann, wenn du ihn verursachst.

Sicher kann es passieren, dass du dabei auch mal Rückschläge erleidest und nicht immer alles glatt läuft, das ist ganz normal! Lässt du dich davon aber unterkriegen, dann gehörst du zur Masse der Bevölkerung, ca. 95 %, die genau das macht, was die anderen machen, weil „***man***" das eben so macht. ***Also zähle dich bitte zu den***

16 NOV	Meine ausgezeichnete Konzentrationsfähigkeit ist der Schlüssel, um an den Schatz meiner unerschöpflichen Fähigkeiten zu gelangen.	17 NOV	Ich kann meinem Glück nur begegnen, wenn ich ihm entgegengehe. Deshalb beginne ich den Tag mit frohen, lebensbejahenden Gedanken.

erfolgreichen 5 % und sei stolz darauf. Lade dein Unterbewusstsein mit dieser neuen Information auf und gib ihm immer wieder dein Zielbild ein. Folge einem ganz einfachen Motto, das da heißt:

Hinfallen ist nicht schlimm, aber liegen bleiben.

Corrie ten Boom, nl. Autorin

Das war der Lieblingsspruch von einem Persönlichkeitstrainer und Geschäftsführer eines erfolgreichen Finanzdienstleistungsunternehmens, einem Mann mit reichlich ***Erfahrung***, meinem Freund Gerd B. aus B., der immer mit einem verschmitzten Lächeln auf den Lippen sagte: ***„Krisenzeiten sind Chancenzeiten!“***

Auch er hat schon so ziemlich alle Tiefen und Höhen persönlich durchlebt, nur hat er damals ***nie aufgegeben*** und ***das hat ihn so erfolgreich gemacht***, denn er ist immer wieder aufgestanden!

18 NOV	Meine Sorgen und Ängste sind nur schlechte Denkgewohnheiten! Heute beginne ich damit, mein Denken positiv zu ändern.	19 NOV	Ich gehe mit der negativen Haltung anderer so positiv, konstruktiv und gelassen um, wie es mir möglich ist. Ich lächle heute mehr als alle anderen.

Übrigens ist es absolut keine Schande,
sich einmal „helfen" zu lassen!!!
Wenn du dann wieder „obenauf"
bist, interessiert das keinen mehr!!!
Mach es einfach...

Du hast es in der Hand, ob dich ein „***Nein***" in einem Verkaufsgespräch in die Tiefen menschlicher Abgründe herabzieht und eine Niederlage dich zermalmt oder du fröhlich und motiviert in das nächste Verkaufsgespräch hineingehst, in dem sicheren Bewusstsein, dass du der beste Verkäufer der Welt bist. Deine Beharrlichkeit bringt dich an dein gewünschtes Ziel. Es kann nicht immer nur ein „Nein" geben! Irgendwann bekommst du auch ein **JA!** Und dann noch eins und noch eins und noch eins...

20 NOV	Heute tue ich genau das, wovor ich mich am meisten fürchte! Ich kalkuliere natürlich auch eine Blamage ein. Doch das macht mich wirklich frei!

Du hast es in der Hand, dein Leben zu einem erfolgreichen Leben zu machen. Lächele in die Welt und sorge dafür, dass die Dinge zukünftig genau so kommen, wie du sie haben willst – Ich wünsche dir ganz viel Erfolg! Hier ist noch ein Tipp: ***Wie wär´s denn mal mit einer Ideensammlung? Du weißt doch, nichts ist stärker als eine Idee, deren Zeit gekommen ist. Also, schreibe zukünftig alle Ideen kurz auf, sicher setzt du sie bald in Erfolg um! Fang doch deine Sammlung einfach hier an und erweitere sie nach Belieben:***

MEINE IDEEN...

Diese Liste gehört mir:

KAPITEL 7
DIE ZEIT

Nimm dir Zeit um sie zu haben!

Koschi der Mutmacher, *19.06.1962

Kennst du ein wirklich „***geflügeltes Wort***" unserer Zeit? Das meist genutzte ist sicher:

„ICH HABE KEINE ZEIT!"

Kaum zu glauben, aber wahr! Wenn du auch dieser Meinung sein solltest, dann befindest du dich in guter Gesellschaft, denn ***ca. 75 %*** der arbeitenden Bevölkerung im deutschsprachigen Raum ***unterliegen diesem Irrglauben***.

Du hast alle Zeit dieser Welt. Die Zeit ist sogar das Einzige, was du wirklich besitzt, alles andere hast du dir nur geliehen! Ist dir das eigentlich bewusst?!

Zeit ist, außer der Gesundheit, das Wichtigste im Leben! Zeit hast du, aber die Frage ist, nutzt du sie auch?

21 NOV	Manchmal ist die Sichtweise von Dingen beunruhigend, deshalb ändere ich einfach nur die Blickrichtung und schon sehe ich die Lösung.
22 NOV	Meine Lebensumstände offenbaren allen, wer ich bin. Ich überprüfe heute einmal, was ich ändern will und tue dann alles entschlossener.

Es ist nicht wenig Zeit, die wir haben, sondern es ist viel Zeit, die wir nicht nützen!

Lucius Annaeus Seneca,
röm. Dichter u. Philosoph, 4 v. Chr.-65 n. Chr.

1 TAG	*oder*	24	STUNDEN
	oder	1.440	MIN.
	oder	86.400	SEK.

Welche Zeitrechnung ist dir am liebsten?

DU HAST 86.400 CHANCEN

am Tag um dein Leben zu ändern oder es zu genießen. Entschließe dich jetzt dazu. Es gibt keinen besseren Augenblick! Auch wenn du der Meinung bist, dass in deinem Leben bisher das absolute Chaos getobt hat und du nichts auf die Reihe bekommst; glaub mir, mit diesen

23 NOV	Ich bin voller Lebenskraft, Phantasie und Freude. Ich mache heute etwas Besonderes daraus und glaube an alle meine Träume und Visionen.	24 NOV	Heute ist ein glücklicher Tag für mich! Ich meistere alle auftauchenden PRO-BLEME erfolgreich! Davon bin ich absolut überzeugt!

PRO-BLEMEN bist du nicht allein, denn die haben auch noch Millionen andere Menschen!

Vor vielen Jahren lernte ich Arthur Lassen kennen, einen Erfolgstrainer, den ich als meinen Mentor bezeichnen möchte. Er hat ein wundervolles Buch geschrieben, prall gefüllt mit Motivation und bunten Bildern. Dieses Buch heißt: „***Heute ist mein bester Tag***" und es ist zu meinem Lebensinhalt geworden! Jeden Tag so zu leben, als wäre es der einzige in deinem Leben, da macht dein Leben wirklich Spaß. Die oben genannte Philosophie basiert auf einer einfachen These, sie lautet wie folgt:

> *Die Menschen verbringen **40%** ihrer **Zeit** mit, Grübeln über Vergangenes und **50%** ihrer **Zeit** mit, sich Sorgen machen über Morgen! Das sind dann 90%, so haben sie nur noch **10% Zeit** um dann zu leben, wenn das Leben wirklich stattfindet, nämlich im **Hier** und **Jetzt** und **Heute**.*

Strebe 100 % Leben im Heute an, dann gibt es für dich

25 NOV	Ich übernehme das Steuer selbst, um das Schiff meines Lebens wieder auf Erfolgskurs zu bringen. Heute habe ich die Kraft dazu.	26 NOV	Alles ist möglich, solange es nicht unmöglich ist und deshalb tue ich es. Meine vertrauensvollen Gedanken helfen mir dabei stets.

keine Zeiträuber mehr, Zeitplaner werden überflüssig und du findest auch da noch Zeit, wo du bisher noch gar nicht gesucht hast, z.B. um ein gutes Buch zu lesen!

Ein Buch soll ein Spiegel sein, in dem du dich selbst betrachtest und bekennst, belächelst und beweinst, leicht und tiefsinnig!

nach Klabund

Um dir einen Eindruck zu vermitteln, warum es wichtig ist im Heute zu leben, möchte ich dir folgende Gedanken mit auf deinen Weg geben. Es ist meine Interpretation der Lebensphilosophie „***Heute ist mein bester Tag***".

GESTERN

Denke heute nicht an ***Gestern***. Halte diesen Tag frei von Angst und Bedrückung. Sicher hast du ***gestern*** Fehler

27 NOV	Jeder Augenblick ist wichtig. Ich kann die Uhr meines Lebens nicht um eine Sekunde zurückdrehen. Deshalb lebe jetzt, hier und heute.	28 NOV	Der jetzige Augenblick ist der wichtigste Teil meiner erfolgreichen Zukunft. Ich genieße es heute einfach nur, einmal mehr ich selbst zu sein.

gemacht und daraus sind Schuldgefühle entstanden, die dir eventuell zu schaffen machen. Doch Fakt ist, das ***Gestern*** kannst du nicht mehr kontrollieren. Würdest du alles Geld, das du auf dieser Erde findest, zusammentragen, du könntest damit das ***Gestern*** nicht zurückkaufen. Nicht ein einziges Wort, das du ***gestern*** gesagt hast, kannst du zurücknehmen.

Den Ruf verantworten wir, aber nicht den Widerhall!

Peter Benary, Musikautor, *1931

Nicht eine einzige Tat, die du ***gestern*** begangen hast, könntest du heute ungeschehen machen. Das ***Gestern*** ist ein für alle Mal vorbei, zu Ende, vergangen. Natürlich kommst du aus dem ***Gestern*** und dort hast du vieles erlebt. Keiner verlangt von dir, dass du auch nur eines deiner herrlichen und vielleicht auch traurigen Erlebnisse vergisst, verdrängst bzw. Ängste oder Gefühle der Vergangenheit versteckst. Bewahre dir die Dinge aus dem

 Ich gebe nicht den anderen Personen oder Dingen die Schuld! Ich habe alles in mir, um mein eigenes Schicksal heute selbst fest in die Hand zu nehmen!

Gestern, die dir ***wichtig*** sind, in deinem Herzen auf und nutze die Erfahrung, die du aus diesen Ereignissen gesammelt hast. ***Schmerzhafte Erinnerungen*** an das ***Gestern*** musst du ***nicht wiederholen***, lerne daraus, die Tür zum ***Gestern*** ist definitiv zu.

Lernt ein Mensch die wichtigste Regel, dass alles, was ist, gut ist, weil es ist, so kehrt immer mehr Ruhe und Frieden in ihm ein!

Thorwald Dethlefsen, Esoteriker und Buchautor, *11.12.1946

Du bist ein Individuum, als Mensch einzigartig. Es gibt Dinge, die dich von den anderen Menschen unterscheiden. Das ist dein Charakter, dein Aussehen, deine Art zu leben, zu sprechen und zu lachen.

Nur in einem sind alle Menschen gleich. Keiner von uns kann auch nur eine Sekunde aus dem ***Gestern*** zurückbringen, diese Tür ist für immer verschlossen.

30 NOV — Mein Denken bestimmt meine Gefühle und mein Handeln. Ich achte darauf, dass ich nur die Gedanken verstärke, die mir auch wirklich nutzen!

In das Land deiner Erinnerungen kannst du nie mehr zurück, denn der gestrige Tag steht nicht mehr zu deiner Verfügung.

Wenn sich eine Tür schließt, dann öffnet sich eine andere; aber wir schauen meist so lange und so bedauernd auf die geschlossene Tür, dass wir die, die sich für uns öffnet, nicht sehen!

Alexander Graham Bell, Schott. Erfinder, 03.03.1847-01.04.1922

01 DEZ	Ich kann mein Leben heute zu einem glücklichen Leben wenden, wenn ich endlich meine Vergangenheit loslasse. Das macht mich frei!	02 DEZ	Ich schreite heute noch mutiger voran und werde auch auf materieller Ebene erfolgreicher sein! Ich ziehe den Erfolg förmlich an.

Fatal ist, dass immer wieder viele Menschen versuchen diese Tür zum ***Gestern*** noch einen kleinen Spalt zu öffnen, aber die Tür zum ***Gestern*** ist zu!

MORGEN

Bitte mache dir heute keine Sorgen um ***morgen***. Mag sein, dass dir die Ungewissheit über das, was kommt, Angst macht, dir Sorgen bereitet oder du unangenehme Belastungen und weniger gute Leistungen in der Zukunft befürchtest. Doch ***morgen*** ist noch weit, du hast es noch nicht unter deiner sofortigen Kontrolle.

Denken ist Arbeit des Intellekts, Träumen sein Vergnügen!

Victor Hugo, franz. Dichter, 1802-1885

Ganz sicher ist: ***Morgen*** früh geht die Sonne wieder auf. Sie tut es in ihrem vollen Glanz oder hinter dicken Regenwolken, doch sie lässt sich von nichts und niemandem

03 DEZ	Ich bin einzigartig und heute dankbar dafür, so zu sein, wie ich bin. Niemals zuvor hat es einen Menschen wie mich gegeben.	04 DEZ	Mit einer negativen Einstellung zum Leben vergeude ich das Kostbarste, was ich besitze: Meine Zeit. Das ändere ich heute.

davon abbringen. Das ist unser großes Glück, denn sonst würden wir in kurzer Zeit jämmerlich erfrieren. Deshalb mach dir um ***morgen*** keine Sorgen, denn das ***Morgen*** ist noch nicht geboren. Schmiede Pläne, denn hast du keine, gleicht das einem Schiff ohne Kompass!

Es ist schön zu leben, weil Leben anfangen ist, immer, in jedem Augenblick!

Cesare Pavese, Autor, 1908-1950

Stecke dir Ziele, große und attraktive Ziele, die dir als lohnend erscheinen, denn wenn du keine Ziele hast, wie sollst du jemals welche erreichen? Habe ***Wünsche***, Hoffnungen und ***Pläne***, aber nur, ***um sie zu verwirklichen***. Das Tor zum ***Morgen*** ist noch zu. Und dennoch gibt es immer wieder Menschen, die glauben, dieses Tor jetzt schon öffnen zu können. ***Morgen*** ist noch nicht geboren.

Es gibt in Wirklichkeit und Wahrheit nur einen einzigen Tag, an dem du wirklich erfolgreich sein kannst, an dem

05 DEZ	Mein positives Denken verzaubert mein ganzes Leben und macht mich von jetzt an unternehmungsfreudiger und mutiger.	06 DEZ	Ich werde ständig von der unbestimmten Angst geplagt, irgendetwas könnte noch danebengehen. Damit höre ich heute auf.

du selbst etwas dazulernen, deine Kinder zu selbstbewussten Menschen erziehen, deinen Partner begehren, deinen Chef begeistern, deine Mitarbeiter motivieren und allen anderen Menschen deine ganze Liebe und Zuversicht vermitteln kannst.

Gib mir die Gelassenheit, Dinge hinzunehmen, die ich nicht ändern kann – den Mut, Dinge zu ändern, die ich ändern kann – und die Weisheit das eine vom anderen zu unterscheiden!

Friedrich Christoph Oettinger, evang. Theologe, 1702-1782

Dieser eine, einzige Tag, an dem du dich und sogar die ganze Welt verändern kannst, das ist ganz einfach

HEUTE

Du kannst nur an einem einzigen Tag leben. Machst du

07 DEZ	Ich mache mir keine Sorgen über meine Zukunft. Sie bringt mir genau das, was für mich am besten ist. Heute glaube ich fest daran.	08 DEZ	Ich nehme mich so an, wie ich bin und höre auf, mich abzuwerten oder zu verurteilen. Ich bin einmalig und einzigartig.

dich verrückt, dann sind nicht die Erfahrungen von ***heute*** schuld, sondern die Reue über deine Taten von gestern und die Furcht davor, was dir das Morgen alles bringt. Bedenke; ***heute*** ist das Morgen, über das du dir gestern Sorgen gemacht hast! Hast du dich immer wieder um den ***heutigen Tag*** gesorgt? Dann nimm ihn heute als Geschenk. Stelle dich vor den Spiegel, nimm dich in den Arm, sage dir, dass du dich liebst und spüre, wie draußen die Sonne aufgeht und dir neue Kräfte zufließen.

Du kannst nicht mehr tun, als in deiner Macht steht – aber zumindest das kannst du mit aller Macht tun!

nach Malcolm S. Forbes, Autor, 1920-1990

Heute ist ein neuer Tag, der einzige in deinem Leben. Dieser Tag gehört nur dir, drum verschwende ihn auch nicht, sondern nutze ihn. Tue stets nur eine Sache zur gleichen Zeit, aber diese mit völliger Hingabe und auch

09 DEZ	Ich lerne zu unterscheiden zwischen dem Bereuen und mich persönlich schuldig zu fühlen. Ich übe heute wieder das Loslassen.	10 DEZ	Ich befreie mich heute von dem Gedanken, die Last der ganzen Welt tragen zu müssen und nehme mich heute einmal nicht so wichtig!

mit der größten Begeisterung, zu der du fähig bist.

Hältst du einen Vortrag, so sei nur für deine Zuhörer da. Bist du bei deinem Partner, so begeistere dich nur für ihn. Und spielst du mit deinen Kindern, so gib ihnen jeder Zeit deine ganze Liebe. Tue dies mit allem, was dich umgibt, bei der Arbeit, in der Freizeit, beim Essen und beim Trinken, am Tag und in der Nacht.

Glücklich sein kann ich nur heute. Heute ist der einzige Tag meines Lebens, an dem ich das ganze Glück ganz an mich herankommen lassen kann. Heute darf ich glücklich sein und immer wieder heute!

Rainer Haak, Gemeinde-, Jugendpastor, Schriftsteller, *31.05.47

Heute ist ein guter Tag dafür, ***heute*** ist dein bester Tag. Ein weiser Mann namens Horaz Horatius sagte einmal: „*Carpe diem*“ und das bedeutet: „*Nutze den Tag, greife*

11 DEZ	Ich beziehe die Kritik, die heute gegen mich vorgebracht wird, ohne Ausnahme auf mein Verhalten, nicht aber auf meine Person!	12 DEZ	Alles, was ich von außen wahrnehme, ist nur das Spiegelbild dessen, was in meinem Inneren geschieht. Ich denke heute noch positiver.

den Tag" und wörtlich übersetzt heißt es: „***Pflücke den Tag!***" Nimm dir die Zeit, um sie zu haben...

Nun weißt du, warum es wichtig ist, Zeit zu haben! Das Einzige, was dich davon abhält Zeit zu haben, das bist nur

du allein. ***Finde deine Zeiträuber*** heraus und definiere darunter die Lösung für dieses PRO-BLEM, dass bringt dich wirklich weiter! Hast du noch Fragen zur Zeit? Dann schreib sie mir doch einfach: zeit@8x8-leben.de

MEINE ZEITRÄUBER SIND...

Heute habe ich´s geändert:

1. ______________________

____

2. ______________________

____

3. ______________________

____

Das ändere ich: 1. ______________________

____

2. ______________________

____

3. ______________________

____

Mehr Zeiträuber? Neue Liste machen...

KAPITEL 8
DAS ENDE

ANFANG IST ENDE UND ENDE IST ANFANG.

In jedem Anfang steckt das Ende auch schon drin. Als du angefangen hast dieses Buch zu lesen, da war klar, dass du irgendwann das Buch durchgelesen hast.

Auch an dem Tag, an dem du geboren wurdest, begann für dich dieses Gesetz, Anfang ist Ende.

Leben ist das, was dir passiert, während du eifrig dabei bist, andere Pläne zu machen.

John Lennon, ein begnadeter Musiker, „The Beatles", 09.10.1940-08.12.1980

Dieses einfache Gesetz gilt nicht nur für dich, sondern für alle Elemente des Universums, alles hat einen Anfang und alles hat ein Ende. Als ich angefangen habe dieses Buch zu schreiben, da lag es noch als das „*Große Unbekannte*"

14 DEZ	Ich konzentriere mich jetzt nur auf meine Stärken. Ich bin dann guter Dinge und meistere jede Situation. Heute ist das sehr wichtig für mich.	15 DEZ	Ich habe keinen Einfluss darauf, ob es regnet oder schneit, auch kann ich es nicht völlig vermeiden Fehler zu machen. Deshalb wage ich es.

vor mir, dann habe ich es kennen und lieben gelernt; und als ich dann an Seite 240 angelangt war, da stellte sich mir die Frage: „Wohin mit den ganzen Dingen, die mich noch so bewegen und die ich dir gerne noch vermitteln würde.“

Doch dann fiel mir der alte Spruch wieder ein, der allen Dingen ein Ende gebietet: ***„Du sollst aufhören, wenn es am schönsten ist...“*** Ich freue mich, dass ich es gewagt habe, dieses Buch zu schreiben, getreu dem Motto:

Ich wusste nicht dass es unmöglich ist, also hab ich es gemacht!

Jean Cocteau, vielseitiger Künstler, 15.07.1889-11.10.1963

Jetzt, nachdem ich es „gemacht“ habe, bin ich froh dass ich meinen Traum in die Realität umgesetzt habe. Irgendwie würde mir jetzt etwas fehlen, wenn ich mich nicht getraut hätte. ***Ich möchte dir Mut machen***, auch etwas zu wagen!

16 DEZ — Je mehr gute Ideen ich entwickele, um so besser und erfolgreicher wird auch mein Unterbewusstsein ab sofort für mich arbeiten.

17 DEZ — Meine Gedanken sind die größte Kraft der Suggestion. Ich sage mir heute mal des Öfteren: "Ich schaffe alles, was ich mir vornehme!"

Meinst du nichts Besonderes zu sein, vielleicht nur ein Staubkorn im Universum?

Ein Staubkorn 08.04.96

Du glaubst, du wärst Staub, ein Nichts, unbedeutend
zu kurz auf dieser Welt um mehr zu sein...
...doch, wenn jeder so gedacht hätte gäbe es kein Rad,
keine Elektrizität, kein Flugzeug! Nein wir würden
wahrscheinlich immer noch in Höhlen leben!

Aber, weil es Menschen gab und gibt! Menschen, die mehr
sein wollten und wollen, mehr als ein
resignierendes **Staubkorn**, weil sie es wollen,
so waren und sind sie mehr!
Und wann fängst Du an mehr zu sein als ein
nichtssagendes Staubkorn??!

Thea PLUQUETT

Habe den Mut für dich selbst verantwortlich zu sein. Ich versichere dir, du bist etwas Besonderes! ***Worauf solltest du warten?*** Es gibt keinen günstigeren Augenblick als den jetzigen Moment. Mach es einfach...

18 DEZ	Je häufiger ich mich mit meinem selbst gesteckten Ziel beschäftige, desto deutlicher und klarer werde ich es heute auch vor Augen haben.	19 DEZ	Ich habe heute den Mut, einen Fehler zu erkennen und nutze ihn als gute Chance zur Entfaltung meiner eigenen Persönlichkeit.

Nach dem Studium dieses Buches solltest du erkennen, dass es, um ***glücklich zu sein***, nicht viel bedarf. Achte einfach auf deine Gedanken und ***gib den Menschen***, die dich auf deinem Weg begleiten, ***all deine Liebe***. Es spielt keine Rolle, ob du arm oder reich, alt oder jung, Mann oder Frau bist, ***wichtig ist nur, dass du dir wichtig bist***.

Sage nicht, das Schwerste sei die Tat! Da hilft der Mut, der Augenblick, die Regung. Das Schwerste dieser Welt ist der Entschluss!

nach Franz Grillparzer, Autor, 1791-1872

Erkenne klar, dass eine höhere Kraft dich mit allem ausgestattet hat, was du für ein glückliches, zufriedenes, gesundes und erfolgreiches Leben brauchst. Suche dir dein TEAM, das dich zu Höchstleistungen antreibt.

Selten ist es in der Vergangenheit den Menschen gelungen als Einzelkämpfer wirklichen Erfolg zu haben. Schon

20 DEZ	Meine Begeisterung ist eine der größten Qualitäten meines Lebens. Das werde ich mir heute wieder einmal beweisen!	21 DEZ	Ich denke heute nur an das Positive, das ich erreicht habe, so wird das Negative zur Randerscheinung. Es verblasst und belastet mich nicht.

aus der Antike sind Geschichten überliefert, von Heerführern, die große Teile der damals bekannten Welt erobert haben.

Der junge Alexander eroberte Indien. Er allein? Caesar schlug die Gallier. Hatte er nicht wenigstens einen Koch bei sich?

Berthold Brecht, Schriftsteller, 1898-1956

Nur mit einem guten Team gelingt es dir, gesteckte Ziele auch wirklich zu erreichen und ein Leben in Ausgeglichenheit und Wohlstand zu führen.

Höre nicht auf die anderen, denn beim Ratgeben sind sie alle weise, wohl aber blind bei eigenen Fehlern. Diese sind aber dafür da, um gemacht zu werden.

Es kann durchaus sein, dass du nicht dafür verantwortlich bist, dass du zu Boden gehst; aber du bist auf jeden Fall

22 DEZ	Gedanken sind Kräfte! Sie lassen mich entweder gewinnen oder verlieren. Ich weiß, dass ich es mir heute wieder einmal aussuchen kann.	23 DEZ	Heute fasse ich den ernsthaften Entschluss, die Begeisterung, die ich bisher in mein Leben gelegt habe, noch zu verdoppeln!

dafür verantwortlich, immer wieder auf die Beine zu kommen!

Nun kann es passieren, dass du einmal vom Wege abkommst oder dir Neider Stolpersteine in den Weg legen.

Dann ***werde doch einfach zum Held***, sei fünf Minuten länger tapfer als die anderen und ihnen somit ein großes Stück voraus. Wenn du dann tatsächlich an die Stolpersteine gelangst, dann nutze einfach folgende Formel:

Auch aus Steinen, die dir in den Weg gelegt werden, kannst du etwas Schönes bauen!

Erich Kästner, Schriftsteller, 1899-1974

So können dir diese Steine als Baumaterial für deine Brücke zum Erfolg dienen.

24 DEZ

Ich bin der Autor meiner eigenen Lebensgeschichte. Heute denke ich daran, und mache daher etwas Besonderes daraus!

25 DEZ

Ein Traum ist und bleibt so lange ein Traum, bis ich ihn wahr mache. Ich habe den Mut und das Vertrauen. Heute gelingt mir einfach alles.

26 DEZ	Die Begeisterung lebt von der Freude. Heute entwickle ich die Fähigkeit, viele positive Gründe zu finden, um wirklich glücklich zu sein!	27 DEZ	Ich denke heute daran, dass der größte Teil meiner Freude meist nichts anderes als das Ergebnis meiner richtigen Einstellung ist.

Sicher ist, dass es keinen wirklich sicheren Weg zum Erfolg gibt, aber einen sicheren Weg um keinen Erfolg zu haben, nämlich es allen Recht machen zu wollen!

Du kennst den Spruch: "***Es recht zu machen jedermann, ist eine Kunst, die keiner kann!***" Deshalb versuche es auch gar nicht erst! Halte dich einfach an die ***goldene Regel*** und lass los. Dein Weg wird nicht immer leicht sein, doch es lohnt sich, ihn zu gehen.

Niemand hätte jemals den Ozean überquert, wenn er die Möglichkeit gehabt hätte, bei Sturm das Schiff zu verlassen!

Charles F. Kettering, amerik. Industrieller, 1876-1958

Das ist klar und um neue Küsten zu entdecken, musst du es wagen, die „*alten*" auch aus den Augen zu verlieren! ***Wer wagt, gewinnt!*** Denke doch einfach nur einmal an

28 DEZ	Ich grübele nicht länger darüber nach, was ich verloren haben könnte! Jetzt ist meine beste Zeit. Meine Zukunft ist heute.	29 DEZ	Heute entwickle ich eine originelle Idee und führe sie auch unter allen Umständen aus! Das Größte dabei ist die Vorfreude auf das Ergebnis!

Thomas A. Edison, der wahrlich hätte aufgeben können.

Er hat damals wohl 10.000 Versuche und zig Explosionen gebraucht, um die Glühbirne zum Leuchten zu bringen. Hätte er bei 9.999 aufgegeben, dann würden wir heute im Dunkeln sitzen und im Winter ganz schön frieren.

Entscheidend ist dabei; er hat durchgehalten und seinen Traum verwirklicht, seinen Traum, zu unser aller Wohl.

Unsere größte Schwäche liegt im Aufgeben. Der sicherste Weg zum Erfolg ist immer, es doch noch einmal zu versuchen!

Thomas Alva Edison, amerik. Erfinder des Telefons, der Kamera, der Kohlefaserglühlampe und ca. 1.500 weiterer Erfindungen, 11.02.1847-18.10.1931

Verursache deinen Erfolg selbst, denn du bist dazu bestimmt, der Erfolg zu sein und die Welt ist dazu bestimmt, dir diesen Erfolg auch zu ermöglichen. Glaube an dich

30 DEZ	Ich weiß, dass ich keinen Einfluss darauf habe, was andere über mich denken oder sprechen. Also kümmere ich mich heute nicht darum!	31 DEZ	Heute schmiede ich einen wirklich guten Plan für das nächste Jahr! Ich achte ab sofort darauf, dass ich diesen auch konsequent einhalte!

und deine Fähigkeiten. Jeder Mensch hat etwas Gutes an sich, so auch du. Und deshalb sei von keinem Menschen enttäuscht, der anders denkt als du.

Nimm ihn so an wie er ist! Denn schließlich hat er seine eigene Wahrheit, genau wie du! Das wahre Geheimnis des Erfolges liegt in deiner Stärke den Standpunkt des anderen zu verstehen. Und schon ist der Erfolg zu dir unterwegs.

Kein Sieger glaubt an Zufall!

Friedrich Nietzsche,
dt. Autor und Philosoph, 15.10.1844-25.08.1900

DARAN GLAUBE ICH...

Heute habe ich´s notiert:

UND NOCHMAL DANKE...

Danke, dass du mein Buch gelesen hast. Es ist mein erstes eigenes Buch und ich habe alle meine Liebe in dieses Buch hineingegeben.

Mag sein, dass du beim Lesen vielleicht den einen oder den anderen „Fehler“ entdeckt hast, vielleicht habe ich ihn ja nur eingebaut, damit du ihn findest?! Wer weiß? ;-) Hast du Kritik, ob positiv (hab ich natürlich gern) oder negativ (die bringt mich wirklich weiter), dann schreibe mir, nur so kann ich mich permanent verbessern. Nutze bitte einfach folgende eMail besser@8x8-leben.de - Danke!

Mach es einfach
und dann
mach es einfach!

Koschi der Mutmacher, *19.06.1962

MACH ES EINFACH...

KREATIVE IDEEN FÜR DEIN LEBEN...

Nachfolgend findest du Dinge, die von uns getestet und für wertvoll befunden wurden, sowie Seminare und Veranstaltungen für deinen persönlichen Erfolg. Bei Fragen erreichst du uns unter: info@8x8-leben.de oder der 8x8-Leben-Hotline (D): 05522-919191 – Mach es einfach...!

FINISHED **F**ILES ARE THE RESULT O**F** YEARS O**F** SCIENTI**F**IC STUDY COMBINED WITH THE EXPERIENCE O**F** YEARS.

○ ○ ○ ○ ○ ☒ ○
1 2 3 4 5 6 7

AUFLÖSUNG

Hast du 6 Richtige? Herzlichen Glückwunsch!
Das menschliche Auge neigt dazu das "OF" als ein Zeichen anzusehen! Deshalb finden die meisten Menschen nur **3 F**! Solltest du dazugehören, kein Grund zur Panik, das Schöne ist doch, dass wir jeden Tag dazulernen!

pro
motion
Planung, Gestaltung und Durchführung von Werbemaßnahmen, Seminaren und Veranstaltungen aller Art, In- und Outdoor!
b2d
BUSINESS TO DIALOG
Die Unternehmerkontaktmesse in Kassel für Nordhessen/Südniedersachsen und weitere 15 x in ganz Deutschland!
Leben macht Spaß!
Wellness-Seminar
D-37520 Osterode - Preussgasse 2
fon 05522-9191-91 - fax -92
info@kuk-promo.de - www.kuk-promo.de
Wir sorgen für Bewegung...